WIR FEIERN
FESTE

Einladen & genießen

Claudia Bruckmann-Bräunig

WIR FEIERN FESTE

Gestaltung der Bildseiten:
Foodfotografie Eising

GU GRÄFE UND UNZER

CUCINA

Inhalt

Feste . . .

Sie wurden ursprünglich immer dann gefeiert, wenn es besondere Einschnitte im menschlichen Leben gab, wie zum Beispiel eine Hochzeit oder die Geburt eines Kindes. Sogar eine Beerdigung war und ist oft Anlaß, Familie, Freunde und Bekannte zu versammeln.
An den Höfen der Fürste und Könige wurden Feste meist einzig und allein deshalb abgehalten, um die Größe und Macht des Herrschers zu demonstrieren.

Heute gibt es tausend und einen Grund, um ein Fest, eine tolle Party, ein schönes Abendessen, einen gemütlichen Brunch, ein Picknick, ein Gartenfest oder vieles mehr zu feiern. Und sollten Sie tatsächlich einmal keinen Anlaß haben, dann suchen Sie sich einen oder laden Sie ein paar Freunde einfach so zu einem netten Abend ein. Zwänge und Konventionen gibt es bei manchem festlichen Anlaß auch in unserer Zeit noch. Allerdings verhindern sie meist das Hauptziel eines Festes, nämlich, daß die Gäste sich wohlfühlen und noch lange danach an einen ganz besonders schönen Abend oder Tag zurückdenken. Und das erreichen Sie um so leichter, desto liebenswürdiger und persönlicher Sie mit Ihren Gästen umgehen und Ihr Fest oder lockeres Zusammensein gestalten.
Das bedeutet keineswegs, daß alles gleich perfekt sein muß – ganz im Gegenteil!
Ein ausgeglichener, fröhlicher Gastgeber, dem anzumerken ist, daß er sich auf jeden einzelnen Gast gefreut hat, ist viel wichtiger als ein überladenes Buffet oder ein etikettegerecht gedeckter Tisch.

Vergessen Sie also ruhig mal das, was Sie vielleicht bisher über Einladungen gehört haben und feiern Sie so, wie es Ihnen am besten gefällt und Ihrem Stil entspricht. Sie werden sehen: Eigeninitiative und Begeisterung stecken einfach an.

Planung, Vorbereitung und Organisation eines größeren Festes sind sicherlich nicht ganz »ohne«, doch dabei hilft Ihnen dieses Buch.
Es bietet Ihnen neben ausgefallenen Ideen und Anregungen für witzige Einladungskarten, Dekorationen und pfiffigen Rezepten auch handfeste Hilfe bei der Vorbereitung. Das ist vor allem wichtig, damit Sie bei Ihrem Fest nicht nur hektisch herumrennen, sondern Zeit für Gespräche mit Ihren Gästen haben, da Sie alles streßfrei bewältigen konnten.
Die einzelnen »Rezeptpakete« sind immer für eine bestimmte Personenzahl berechnet. Wenn Sie mehr oder weniger Leute als angegeben einladen möchten, finden Sie auf Seite 18 eine kleine Tabelle, die Ihnen bei der Umrechnung hilft. Natürlich können Sie die verschiedenen Rezepte und Dekoideen auch variieren, das heißt individuell zusammenstellen und müssen sich nicht streng an meine Vorschläge zu den einzelnen Mottos halten.

Also: weg mit der Zwanghaftigkeit von Bestecksignalen, Kleiderordnung und festgefahrenen Vorstellungen von optimalen Tischhöhen, Teller- und Glasplazierungen. Feiern Sie Ihr ganz persönliches Fest!

CHAMPAGNE
BRUT

Die Einladung: Hauptsache persönlich!

Bevor Sie bezüglich Ihres Festes in Aktion treten, sollten Sie sich gut überlegen, wen Sie einladen möchten und wie viele Leute Sie und Ihre Wohnung, Ihr Garten oder Ihr Haus verkraften. Denken Sie auch daran, daß es in Ihrem Bekanntenkreis möglicherweise Menschen gibt, die sich nicht so gut verstehen, sich nicht mögen oder derart konträre Ansichten haben, daß es vielleicht besser wäre, gerade sie nicht gemeinsam zu einem gemütlichen Abendessen, sondern eher zu einer Party mit mehreren Leuten einzuladen. Überlegen Sie vorher schon ein bißchen, wer zu wem paßt, wen Sie mit wem gerne bekanntmachen möchten und in welchem zahlenmäßigen Verhältnis zum Beispiel Singles und Paare zueinander stehen sollen. Ein einziger »Alleinstehender« fühlt sich nämlich unter Umständen unter lauter anschmiegsamen Pärchen nicht besonders wohl! Versuchen Sie also »Patt-Situationen« zu vermeiden und laden Sie lieber mehrere Einzelpersonen ein.

Ganz gleich, ob Sie das Fest schon lange planen oder ob die ganze Sache eher einem Spontanentschluß entspringt, Sie müssen Ihren Gästen rechtzeitig sagen, daß bei Ihnen etwas los sein wird. Bereits mit dieser Mitteilung bestimmen Sie den Charakter Ihres Festes, das heißt, Sie signalisieren durch die Gestaltung der Einladung, ob es sich beispielsweise um ein lockeres Zusammensein, ein festliches Essen, eine Riesenparty mit vielen Leuten oder ein Gartenfest handelt.

Tip!
Bei der Terminplanung für Ihr Fest sollten Sie übrigens ruhig mal ins Fernsehprogramm schauen. Wird nämlich zum Beispiel an dem anvisierten Abend ein Fußballspiel übertragen, könnte es sein, daß einige Ihrer Gäste lieber vor der Glotze hocken und alles andere nebensächlich wird.

Ein Anruf genügt – nicht immer!
Bei sehr kurzfristigen Aktionen gibt es keine andere Wahl, als zum Telefonhörer zu greifen. Haben Sie Ihr Fest allerdings schon länger geplant, so ist eine schriftliche Einladung ganz bestimmt persönlicher:
Jeder freut sich über private Post im Briefkasten und etwas Schriftliches hat außerdem eine Art Merkzettelfunktion. Ist die Einladung zudem noch witzig und individuell gestaltet, ist der Grundstein für das Gelingen Ihres Festes bereits gelegt.

Wer? Wann? Wie? Wo? Was?

Außer der optischen Gestaltung der Einladung ist natürlich der Text das Wichtigste. Hier können Sie nun ein nüchternes Sprüchlein wählen wie: »Wir laden Euch am ..., zum ..., um ... Uhr ein. U.A.w.g.«. Besser kommt es wahrscheinlich an, wenn Sie auch den Text möglichst persönlich formulieren: »Wir haben Euch so lange nicht gesehen und freuen uns deshalb sehr, wenn Ihr zu unserem Gartenfest am ..., um ... viel gute Laune mitbringt!» oder so ähnlich.
In jedem Fall sollten auf einer Einladungskarte folgende Daten nicht fehlen:

- Name des Gastes
- Name des Gastgebers
- Ort
- Datum des Festes
- Uhrzeit
- Anlaß (muß nicht unbedingt sein)
- Kleiderordnung (Nur wenn Sie Wert auf ein bestimmtes Outfit legen. Es könnte ja sein, daß Sie Ihre Gäste gerne alle in Lederhosen sehen möchten.)
- U.A.w.g. (Um Antwort wird gebeten; eventuell mit Datum)

Um Antwort wird gebeten ...

Ein Feedback auf Ihre Einladung bekommen Sie sicher von den meisten Ihrer Freunde. Allerdings gibt es immer auch ein paar Leute, die sich zwar riesig freuen, das Kärtchen aber sofort auf dem übervollen Schreibtisch vergraben und auch völlig vergessen, sich bei Ihnen zu bedanken. Bei solchen »Kandidaten» können Sie ruhig noch einmal telefonisch nachfragen.
Jedenfalls wissen Sie einige Tage vor Ihrem Fest dank der Klausel »U.A.w.g.« mit welcher Anzahl an Gästen Sie ungefähr rechnen können. Das ist für Ihre Planung sehr wichtig!

Tip!

Sagen Sie Ihren Nachbarn rechtzeitig Bescheid, daß bei Ihnen ein Fest stattfindet und bitten Sie sie um Verständnis, wenn es etwas lauter wird. Oder Sie laden die Nachbarn gleich auch dazu ein?

Einladungskarten – einmal anders

So finden Sie freiwillige Helfer für den Umzug.

Witzige, individuelle, nicht ganz alltägliche Einladungskarten – darüber freut sich jeder. Und es gibt eine ganze Menge einfacher Möglichkeiten, sie ohne großen Aufwand selbst zu kreieren:

• Einen lustigen, zum Anlaß passenden Cartoon oder eine Werbung aus einer Zeitschrit ausschneiden, mit den eigenen »Daten» überkleben und fotokopieren;

Auch in einer kleinen Wohnung ist Platz für fröhliche Freunde.

• Telegramm- oder Gutschriftsformulare zweckentfremden, eventuell noch mit einer eigenen Zeichnung aufmöbeln und fotokopieren;

• Gegenstände, die zum Motto der Party passen, beschriften und im Umschlag verschicken (zum Beispiel eine Kerze für die Einladung zum Adventsfest, ein Hartwürstchen mit Zettel für die Grillparty, ein Brausetütchen oder eine mit Kaugummis beklebte Karte für ein Kinderfest);

Nach dem Urlaub gibt es viel zu erzählen, laden Sie sich Freunde dazu ein!

• ein Foto vervielfältigen und als Postkarte versenden;

• Gläser oder Flaschen aus Pappkarton ausschneiden und beschriften;

• Tortenspitzen beschriften;

Vorspeisen sind allseits beliebt – und schmecken in Gesellschaft noch viel besser.

• Büttenpapier mit Farbstiften beschriften und verzieren;

• einen grünen Teppichrest auf die zweite Seite einer Doppel-Briefkarte kleben, die erste Seite passepartoutförmig um den Teppich herum einschneiden, so daß er zu sehen ist und damit zum Picknick auf der grünen Wiese einladen;

Nudeln sind ein Genuß – mit Freunden zusammen geknetet, gerollt und gekocht.

• Buchstaben und Text für die Einladung aus der Zeitung ausschneiden, auf eine Karte kleben und fotokopieren.

Kathi
EINLADUN

Planung – fast perfekt

Wenn die Gästeliste zusammengestellt, die Einladungskarten verschickt und die Zusagen eingetroffen sind, können Sie die genauere Planung Ihres Festes in Angriff nehmen.

Platz

Den gibt es in der kleinsten Hütte – und meist ist es besser, zu viele Leute in einem kleinen Raum unterzubringen als umgekehrt. Die Gäste unterhalten sich dann unter Garantie eher miteinander als in einem großen Raum, in dem sich jeder in eine separate Ecke verziehen kann. Sorgen Sie aber trotzdem dafür, daß es kein allzu großes Gedränge gibt, denn dann macht die Party weder Ihnen noch Ihren Gästen Spaß. Ist Ihr Zimmer oder Ihre Wohnung zu klein für die geplante Anzahl an Gästen, sollten Sie das Fest vielleicht im Freien als Picknick feiern, auf einen öffentlichen Grillplatz ausweichen, ein Zelt im Garten aufstellen oder ganz einfach eine Burg mieten (siehe unter dem Stichwort »Partyservice«, Gelbe Seiten des Telefonbuches). Bei schlechtem Wetter können Sie die vorbereiteten Gerichte entweder einfrieren und das Fest verschieben oder die Veranstaltung in die größere Wohnung einer Ihrer Freunde verlegen.

Sitzgelegenheiten

Wenn Sie zu einem Menü oder festlichen Essen am Tisch einladen, sollte natürlich für jeden Gast ein Stuhl vorhanden sein.
Bei einem größeren Fest oder einem Essen mit mehreren Gästen können Sie Ihre besten Freunde bitten, jeweils einen Klappstuhl mitzubringen. Oder Sie schaffen sich ein paar ganz einfache Klappstühle an (gibts preiswert in Möbel-Abholmärkten), die Sie bei Bedarf aus dem Keller holen.
Stühle und Tische können Sie auch beim Partyservice ausleihen. Adressen finden Sie auf den Gelben Seiten Ihres Telefonbuches.
Bei Festen mit mehr als 15 Personen ist es gar nicht nötig, für jeden einen Sitzplatz zu bieten. Einige Gäste sind sowieso immer in Bewegung (zum Beispiel am Buffet) und außerdem wird es geselliger, wenn nicht jeder steif auf seinem Stuhl sitzenbleibt.
Für ältere, gebrechliche Leute und für Schwangere sollten Sie aber in jedem Fall immer eine bequeme Sitzgelegenheit einplanen.

Tische

Bei Einladungen für bis zu zehn Personen reicht vielleicht Ihr Eßtisch. Oder Sie stellen mehrere Tische zusammen. Gut für »Partyfreaks« ist ein Türblatt auf Böcken, das Sie sehr günstig in Heimwerkermärkten kaufen und sowohl als Eßtisch wie auch für ein Buffet einsetzen können.
Für ein Buffet eignet sich auch ein Tapeziertisch, die Arbeitsfläche in der Küche oder Ihr Küchentisch.

Geschirr, Gläser, Besteck

Benutzen Sie in erster Linie das, was Sie sowieso haben. Jedes Geschirr paßt auf den Tisch oder das Buffet, wenn Sie es mit den passenden Accessoires kombinieren. In diesem Buch finden Sie für die Dekoration eine Menge Anregungen.
Bei größeren Festen wird Ihr Vorrat an Geschirr, Gläsern und Besteck wahrscheinlich nicht ausreichen. Bitten Sie Ihre besten Freunde, Ihnen etwas auszuleihen, achten Sie aber darauf, daß Dekor und Farbe einigermaßen zu Ihrem Geschirr passen.
Alles Notwendige können Sie auch beim Partyservice ausleihen. Adressen finden Sie auf den Gelben Seiten Ihres Telefonbuches.
Als weitere Möglichkeit bietet sich natürlich an, daß Sie sich einen ausreichenden Fundus an Geschirr, Gläsern und Besteck zulegen. Das lohnt sich vor allem, wenn Sie öfters Feste feiern.

Umweltschutztips

Rauschende Feste müssen nicht zwangsläufig mit Müllbergen enden. Hier einige nützliche Hinweise:

• Papp- oder gar Plastikgeschirr ist absolut out! Bitten Sie lieber einige Freunde, Ihnen zwischendurch und zum Schluß beim Spülen zu helfen.
• Dekorieren Sie die Wohnung oder den Tisch mit Dingen, die Sie nicht extra kaufen müssen. In diesem Buch finden Sie viele Anregungen.
• Lebensmittel möglichst ohne Kunststoffverpackungen kaufen, das gilt vor allem für in Folie eingeschweißtes Obst und Gemüse, aber auch für Wurst, Käse und Fleisch.
• Beim Wurst-, Käse- und Fleischeinkauf eine eigene Vorratsdose mitnehmen und auf die Kunststoffverpackung verzichten.
• Sogenannte Umverpackungen (also die Schachtel von der Thunfischdose) dürfen und sollten Sie im Geschäft zurücklassen.
• Organische Abfälle, wenn möglich, kompostieren (nur rohe Reste wie Schalen oder Salat).
• Kaufen Sie Getränke nur in Mehrwegflaschen oder in Glasflaschen, die Sie nach der Verwendung in den Glascontainer werfen.
• Milch, Sahne und Joghurt ebenfalls in Pfandflaschen und nicht in Kunststoffbehältern kaufen.
• Kaufen Sie keine Lebensmittel in Plastikbehältern oder Dosen, die es auch in Gläsern gibt.
• Nehmen Sie zum Einkaufen Taschen, Körbe oder Netze mit und verzichten Sie auf Plastiktüten.
• Vermeiden Sie die Verwendung von Alufolie zum Abdecken von fertigen Speisen und nehmen Sie stattdessen einen Teller oder ein mehrfach verwendbares »Plastikhäubchen« (gibts im Haushaltsgeschäft).
• Essensreste gehören nicht in die Toilette, sondern in den Mülleimer oder, falls es rohe Reste wie zum Beispiel Salat sind, auf den Kompost.

Hilfe – ich brauch' Hilfe!

Ein Menü mit drei Gängen für vier oder acht Personen schaffen Sie spielend. Die Organisation für ein großes Fest aber müssen Sie sich nicht völlig alleine zumuten. Scheuen Sie sich nicht, gute Freunde und Freundinnen einzuspannen und bitten Sie sie, Ihnen bei den Vorbereitungen zu helfen. Das kann übrigens sehr kurzweilig sein und selbst zu einem kleinen Fest werden, wenn Sie beim Salateschnippeln schon ein Glas Wein oder Sekt schlürfen.
Auch für die Party selbst sollten Sie einige Leute bitten, Ihnen zu helfen, zum Beispiel beim Ausschenken der Getränke, falls diese nicht bereits auf dem Buffet oder Eßtisch zur Selbstbedienung bereitstehen.
Wichtig ist auch, daß Ihnen jemand die mitgebrachten Blumen abnimmt und dafür sorgt, daß sie in die Vase kommen (die Sie in ausreichender Anzahl bereitstellen sollten), während Sie schon die nächsten Gäste begrüßen. Vielleicht haben Sie auch Putzfrau/-mann oder ein Kindermädchen, die sich gerne an diesem Festabend etwas dazuverdienen möchten.
Professionelle Hilfe können Sie übrigens beim Partyservice (siehe Gelbe Seiten des Telefonbuches) mieten. Hier wird auch Personal vermittelt, das am Festabend bedient und mithilft.

Kinder – wohin mit ihnen?

Babys haben meist einen festen Schlaf und können, vor allem, wenn sie noch gestillt werden, während eines rauschenden Festes gar nicht ausquartiert werden. Kleine Kinder im Alter von ein bis drei Jahren allerdings haben außer der Störung ihrer Nachtruhe wirklich noch nichts von einem Fest am Abend. Überlegen Sie, ob das Kind nicht besser bei einer Oma oder bei Freunden aufgehoben ist.
Größere Kinder dagegen finden Feste super. Lassen Sie sie bis zu einem bestimmten Zeitpunkt aufbleiben, sie werden dann von selbst müde und gehen sicherlich bereitwillig ins Bett. Kinder freuen sich übrigens sehr, wenn sie die Gäste begrüßen und beim Servieren mithelfen dürfen.
Falls Ihre Freunde ebenfalls Kinder mitbringen, sollten Sie vielleicht einen tatkräftigen Babysitter organisieren, der sich mit der Horde beschäftigt, damit die Erwachsenen auch etwas vom Fest haben.

Dekoration – einfach, aber gut

Auch hier gilt die Devise: Hauptsache eine persönliche Note! Und: Die Dekoration für Ihr Fest muß weder aufwendig noch teuer sein. Natürlich ist es toll, wenn Sie festliches Porzellan und Familiensilber besitzen, Sie brauchen dann für einen schönen Geburtstagstisch nicht mehr viel Zubehör. Aber nicht jeder hat so etwas geerbt und außerdem macht es viel Spaß, den Tisch oder das Buffet mal ganz anders zu gestalten. In diesem Buch finden Sie zu jedem Festvorschlag Ideen zur Dekoration, die Sie ganz leicht nachmachen können. Aber auch Ihrer Phantasie sind keine Grenzen gesetzt. Benutzen Sie zur Tischverkleidung zum Beispiel Zeitungs- oder Illustriertenpapier, behelfen Sie sich mit Bettlaken, wenn Sie keine großen Tischtücher besitzen oder verwenden Sie Papiertischdecken aus dem Schreibwarenhandel, die Sie je nach Lust, Laune und Können mit Wachsmalkreiden bemalen. Dekorieren Sie mit Steinen, Muscheln, Blättern, Tortenspitzen, Teelichtern, passenden Kerzen und Servietten.
Auch in Heimwerkermärkten finden Sie Dinge, die Sie für Ihr Buffet zweckentfremden können, zum Beispiel Spiegelstücke oder silberne, reflektierende Isolierplatten, mit denen Sie Ihr Buffet oder die Bar verkleiden können.
Festlicher wird Ihre Wohnung durch Lichterketten und viele Kerzen, dekorativ wirkt zum Beispiel auch ein Foto, das Sie mit einem Diaprojektor an die Wand werfen.

Der gedeckte Tisch

Ein schön gedeckter Tisch schafft eine angenehme Atmosphäre und weckt die Vorfreude auf das Essen.
Überlegen Sie, welche Dekoration für Ihren Anlaß passend ist. Zu einem rustikalen Kartoffelfest passen zum Beispiel ein Steingutgeschirr und eine grob gewebte Tischdecke besser als feines Porzellan und Damast. Den Tisch für ein festliches Menü können Sie dagegen sehr schön mit einer blütenweißen Tischdecke und Silber gestalten. Wichtig ist vor allem, daß Sie nicht zu viele Muster mixen: Entweder eine gemusterte Unterlage und einfarbiges Geschirr oder umgekehrt. Wählen Sie auch die Blumen farblich passend zum Geschirr oder zu den Servietten und achten Sie darauf, daß sich die Gäste vor lauter Blumen auf dem Tisch auch noch sehen können.

Die Tischordnung

Sie kann sehr hilfreich sein, wenn Sie Leute einladen, die sich noch nicht kennen. Und Sie sollten sich schon im Vorfeld überlegen, wer zu wem paßt und die jeweiligen Leute nebeneinander setzen. Vor allem bei einer Einladung mit mehr als sechs Personen erleichtert eine Tischordnung das Kennenlernen. Interessanter Gesprächsstoff ist vor allem dann garantiert, wenn Sie eher unterschiedliche Menschen nebeneinander plazieren. Sie haben sich sicher viel zu sagen!
Tischkärtchen gibts im Schreibwarenhandel zu kaufen. Sie können sie aber auch selbst aus Karton basteln oder zum Beispiel Steine mit den jeweiligen Namen bemalen.

Bei einem festlichen Essen mit mehreren Gängen ist auch eine Menüfolge schön, die Sie auf Papier oder zum Beispiel mit einem wasserfesten Stift auf eine weiße Fliese (aus dem Heimwerkermarkt) schreiben und in die Mitte des Tisches legen können. Dann weiß jeder Gast gleich, worauf er sich freuen kann.

Der Buffetaufbau

Als Abstellfläche eignen sich je nach Anzahl der Speisen eine Kommode, die Arbeitsfläche in der Küche oder Ihr Eßtisch. Wenn der Platz nicht reicht, nehmen Sie einen Tapeziertisch, den Sie bis auf 3 m Länge ausklappen können. Solche Tische gibt es in Heimwerkermärkten für wenig Geld. Zusammengeklappt brauchen sie kaum Platz. Für absolute Riesenfeten eignet sich übrigens auch ein Tischtennistisch (oder die Hälfte davon).

Bauen Sie auf das Buffet verschieden hohe Ebenen, das sieht hübsch aus und schafft mehr Platz. Dazu eignen sich leere Obststeigen, stabile Kartons oder auch umgedrehte Kochtöpfe. Das alles wird dann natürlich noch mit der Tischdecke oder anderem Dekomaterial verkleidet. Bringen Sie auf einer Seite des Buffets Besteck, Teller und Servietten unter, dann kommen die verschiedenen Köstlichkeiten, denen allerdings kein allzugroßer Blumenstrauß oder ähnliches im Wege stehen sollte. Das Besteck können Sie in große Bierkrüge oder Gläser stellen oder jeweils eine Gabel, Messer, Löffel mit einer Serviette mit einem Bändchen zusammenbinden.

Die Gerichte selbst sollten Sie nicht beliebig, sondern nach der Speisenfolge geordnet auf das Buffet stellen. Das verhindert unnötiges Gedränge.

Die Bar

Sie kann kommunikativer Treffpunkt Nr. 1 einer etwas größeren Party sein. Wenn Sie also mehr Leute eingeladen haben, lohnt es sich, eine Bar zu »bauen«. Dafür eignet sich ein halbhoher schmaler Schrank, eine Kommode oder ein Brett auf Böcken.

Das Möbelstück für die Bar wird mit weißem Papier von der Rolle (Schreibwarenhandel, Partybedarf) oder mit silbernen Isolierplatten verkleidet. Und: Bitten Sie einen Freund oder Freundin, den Dienst des Barkeepers zu übernehmen, denn Sie wollen sich ja ein wenig um die Gäste kümmern und nicht die ganze Zeit über hinter dem Tresen stehen. Der Barkeeper kann zum Beispiel zur Begrüßung der Gäste erst einmal einen Cocktail servieren, später das Bier zapfen oder den Wein ausschenken. Das ist übrigens kein unangenehmer Job, denn bei der Bar kommt jeder mal vorbei und ist zu einem Plausch aufgelegt. Natürlich können Sie auch beim Studentenservice jemanden mieten, der diese Aufgabe übernimmt.

Das Essen – Vorbereitung und Organisation

Nach Einladung und Dekoration beginnt mit der Zusammenstellung des Essens der komplizierteste Teil des Gesamtunternehmens.

- Was koche ich?
- Wieviel koche ich?
- Wann fange ich an?

Grundsätzlich sind Gäste unersättlich, das heißt, je länger der Abend, desto mehr wird gegessen, falls noch etwas da ist. Das hat allerdings nichts mehr mit Hunger zu tun, denn bei einem normalen Abendessen zu Hause gibts das auch nicht. Machen Sie sich also weniger Sorgen darüber, daß Sie möglicherweise zuwenig gekocht haben. Meistens ist es eher zuviel.

Nun ist die Planung für ein Menü für sechs Personen noch relativ einfach, bei einer höheren Gästezahl wird es schon schwieriger, und man neigt leicht dazu, so viel zu kochen, daß sich das Buffet vor Speisen nur so biegt und vor lauter Überfluß keiner weiß, wovon er zuerst etwas nehmen soll.

Um Organisation, Planung und den ganzen Ablauf streßfreier zu gestalten, finden Sie in diesem Buch Vorschläge für Partys mit eher wenigen und einfachen Gerichten, die Sie zudem gut vorbereiten können. Natürlich ist es nicht möglich, die Menge an Zutaten für eine große Anzahl von Personen ganz genau auszurechnen, denn der eine ißt mehr, der andere weniger. Mit Resten müssen Sie also schon rechnen. Die können Sie aber meist einfrieren oder Sie geben Ihren Gästen einfach etwas vom Übriggebliebenen mit nach Hause.

Natürlich lassen sich die einzelnen Rezeptvorschläge dieses Buches untereinander mischen und sich so die Gerichte für Ihr Fest ganz individuell zusammenstellen.

Allgemeine Mengenangaben:

Suppe (als Vorspeise)	200 ml
Suppe (als Hauptgericht)	500 ml
Baguette	¼ Stück
Nudeln (als Beilage oder im Salat)	60 g (ungekocht)
Kartoffeln (als Beilage oder im Salat)	200 g (ungeschält, roh)
Reis (als Beilage oder im Salat)	50 g (ungekocht)
Blattsalat	50 g
Obst	150 g
Käse (als Nachtisch)	200 g

Spezielle Mengenangaben für die Rezepte im Buch (nach Reihenfolge der Rezepte geordnet):

Entenbrust	150 g
Cocktailwürstchen	2 Stück
Hühnerbrüstchen	½ Stück
Kalbschnitzel	180 g
Tagliatelle	50 g (ungekocht)
Zucchini	50 g
Krabben	50 g
Quark	100 g
Hörnchennudeln (als Salat)	80 g
Camembert	50 g
Hülsenfrüchte (für Eintopf)	70 g (ungekocht)
Champignons	100 g
Hähnchenkeulen	1 Stück
Beeren (tiefgekühlte)	50 g
Möhren	125 g (roh)
Rinderfilet	180 g
Kalbfleisch	180 g
Polenta (Maisgrieß)	50 g (ungekocht)

Organisation ist fast alles

Wenn feststeht, was Sie kochen möchten, überlegen Sie, ob Sie es alleine schaffen oder ob Sie ein paar Freunde bitten, Ihnen bei den Vorbereitungen zu helfen.
Gehen Sie die Zutatenlisten durch und schreiben Sie einen Einkaufszettel. Dazu sollten Sie erst einmal in Ihren Vorratsschrank schauen. Stellen Sie auch fest, was Sie an Getränken brauchen. Diese können Sie bereits einige Tage vor dem Fest besorgen.

Tip!

Untergliedern Sie Ihre Einkaufsliste nach Zutaten, die Sie zum Beispiel beim Metzger kaufen und solchen, die Sie beim Bäcker oder im Supermarkt besorgen müssen. Überlegen Sie, was wann eingekauft werden muß und besorgen Sie frische Produkte so spät wie möglich. Haken Sie jeweils ab, was Sie schon erledigt haben.
Überlegen Sie sich, welche Gerichte Sie schon mehrere Tage vor dem Fest zubereiten und eventuell tiefgefrieren können. Nehmen Sie sich am Vortag ganz viel Zeit und bringen Sie eventuell Ihre Kinder bei Freunden oder einem Babysitter unter, denn dann können Sie ganz in Ruhe fast alles vorbereiten.

Ärgerlich – wenn Gäste kurzfristig absagen

Bleibt es bei einem oder zweien, die kurz vor dem Fest absagen, ist das nicht weiter tragisch und Sie brauchen Ihren Plan nicht über den Haufen zu werfen. Sind es aber mehrere Leute, so ist das nicht nur frustrierend, sondern Sie sollten das möglichst noch in Ihrer Mengenplanung einkalkulieren, falls Sie nicht tagelang nur von Nudelsalat leben wollen. Wenn Sie schon alles eingekauft haben, bereiten Sie entsprechend weniger zu oder frieren Sie einen Teil der Gerichte ein.
Eine andere Möglichkeit, wenn Gäste plötzlich absagen: Fragen Sie gute Freunde, die Sie diesmal (zum Beispiel zu einem Menü mit Leuten, die Sie noch nicht so gut kennen) nicht eingeladen hatten, ob sie nicht als Ersatz kommen möchten. Dabei sollten Sie ganz ehrlich sein und Ihre Lage klarmachen.

Bei Getränken für eine Party läßt sich meist ebenfalls nicht so genau vorhersagen, wieviel nun letztendlich getrunken wird. Vielleicht wissen Sie schon aus Erfahrung, wer von Ihren Freunden lieber Bier trinkt und wer Rot- oder Weißwein bevorzugt. Das gibt Ihnen bereits einen gewissen Anhaltspunkt, außerdem werden Getränke nicht schlecht und Sie können ruhig ein bißchen mehr davon besorgen. Denken Sie in jedem Fall aber auch an Antialkoholisches: Mineralwasser ist ein absolutes Muß für jede Einladung. Autofahrer freuen sich bestimmt über ein Angebot an alkoholfreiem Bier oder Säften. Immer mehr Leute gehen auch dazu über, nach einem üppigen Menü mit verschiedenen Weinen auf reichlich Mineralwasser umzusteigen, denn das beugt dem »Kater» vor.
Bei jedem Festvorschlag in diesem Buch finden Sie Anregungen für die jeweiligen Getränke. Grundsätzlich brauchen Sie nicht eine ganze Getränkepalette von Sekt und Cocktail über Bier bis hin zu Rot- und Weißwein anbieten.
Viele Leute sind sogar ganz dankbar, wenn sie nicht in die Versuchung gebracht werden, wild durcheinander zu trinken. Bei einem Menü schmecken mehrere Weinsorten, jeweils passend zum Gang, allerdings recht gut.

Ein Aperitif kommt immer gut an

Falls Sie Ihre Gäste mit etwas Alkoholischem begrüßen möchten, denken Sie auch daran, daß es Leute gibt, die keinen Alkohol trinken (dürfen). Bieten Sie also auch Orangensaft oder einen alkoholfreien Cocktail an.
Ansonsten eignet sich als Begrüßungsschluck ein Glas gut gekühlter Prosecco. Das ist ein Perlwein aus Italien, genauer aus dem Veneto, zwar kein Sekt, aber sehr süffig und »in«.
Sekt (Schaumwein) ist natürlich, vor allem bei besonderen Anlässen, ebenfalls ein schöner Aperitif.
Champagner heißt der echte Schaumwein aus der Champagne und kann je nach Anzahl der Gäste unter Umständen teuer werden.
Außerdem gibt es noch die klassischen Aperitifs wie Campari (»Soda« oder »Orange«), Sherry, Portwein und Martini. Oder Sie reichen einen Kir beziehungsweise Kir royale, das ist trockener Weißwein oder Sekt mit einem Schuß Johannisbeerlikör (Crème de Cassis).
Wenn Sie sich mehr Mühe machen wollen und etwas ausgefalleneres anbieten möchten, dann mixen Sie einen schönen Cocktail wie den Bellini (siehe Seite 24).

Welcher Wein zu welchem Essen?

Da gibt es keine starren Regeln. Trinken Sie rot oder weiß, je nachdem, was Ihnen besser schmeckt. Bekömmlicher zum Essen sind im Allgemeinen trockene Weine, während süße Sorten sich eher als Aperitif oder zum Dessert eignen. Vor einem Fest sollten Sie die Weine, die Sie anbieten möchten, unbedingt probieren, denn sonst kann es unangenehme Überraschungen geben. Sicher möchten Sie auch vermeiden, daß Ihre Gäste am nächsten Tag Kopfschmerzen haben.
Lassen Sie sich im Weinfachhandel beraten und kosten Sie dort, oder kaufen Sie eine Probeflasche.

Tips zur Kühlung

Fast alle Getränke schmecken gut gekühlt besser. Das gilt vor allem für Sekt, Champagner und Prosecco, aber auch für Weißwein, Rosè und natürlich für Bier. Doch auch antialkoholische Getränke haben ein Anrecht auf Kühlung. Junger Rotwein darf ebenfalls nicht zu warm sein. Ältere Jahrgänge dagegen sollten Sie ein bis zwei Stunden vor Ankunft der Gäste entkorken, damit der Wein bei Zimmertemperatur sein volles Aroma entfalten kann.
Wenn Ihr Kühlschrank für die Kühlung der vielen Getränke zu klein ist, stellen Sie die Flaschen in die Badewanne in eiskaltes Wasser, das Sie ab und zu auswechseln sollten. Es gibt aber auch spezielles Eis, das Sie sich für die Kühlung Ihrer Getränke zum Beispiel in einer großen Plastikwanne beim Getränkehändler besorgen können. Falls Sie ein Faß Bier aufstellen möchten, sollten Sie dieses so spät wie möglich bei Ihrem Getränkehändler abholen, denn bei ihm liegt es schön kühl.
Bei einer kleineren Einladung können Sie den Wein bei Tisch in einem Kühler kühl stellen.

1/5 ROSE'S
+ 4/5 Wasser
MARTINI
BIANCO
REGISTERED TRADE MARK

Musik und Tanzen – warum nicht?

Musik ist immer gut, ob nun getanzt wird oder nicht. Überlegen Sie, welche Musik zu Ihrem jeweiligen Fest paßt. Zu einem festlichen Essen klingt zum Beispiel klassische Tafelmusik schön, während Sie bei einer Einladung zu italienischen Antipasti die Leute mit italienischen Canzoni erst so richtig in Stimmung bringen.
Für eine Party sollten Sie sich Cassetten oder CDs mit schwungvollen Hits zurechtlegen. Wichtig ist, daß die Musik während des Essens die Gäste nicht zum Brüllen zwingt. Nach dem Essen und vor allem, wenn Sie die Leute zum Tanzen animieren möchten, können Sie schon etwas lauter aufdrehen.
Zum Tanzen sollten Sie außerdem Platz schaffen. Sie brauchen zwar kein perfektes Parkett, aber wenn man ständig angerempelt wird, machts bald keinen Spaß mehr. Ob das Tanzen überhaupt gewünscht ist, müssen Sie entscheiden, und zwar kurzfristig je nach Stimmung der Gäste. Wenn das Gros der Gäste in angeregte Gespräche vertieft ist, ist Tanzen sicherlich nicht angebracht. Nötigen Sie auch niemanden dazu, das kann ziemlich lästig wirken.

So viele fremde Leute
Das kann für den einen oder anderen zum Problem werden, vor allem bei einer größeren Veranstaltung. Machen Sie die Leute miteinander bekannt, stellen Sie sie schon beim Eintreffen gegenseitig nicht nur mit Namen vor, sondern weisen Sie auch darauf hin, was die einzelnen Leute möglicherweise verbindet. Sorgen Sie dafür, daß sich Menschen mit ähnlichen Interessen und Berührungspunkten begegnen, entwerfen Sie vielleicht eine geschickte Sitzordnung. Eine weitere Möglichkeit, größere Feste aufzulockern und Leute, die sich nie vorher gesehen haben, auf zwanglose Weise miteinander bekanntzumachen, sind Partyspiele.
Da sollten Sie allerdings ziemlich vorsichtig sein, denn das mag nicht jeder. Über Partyspiele gibt es so viele Bücher, daß ich hier nicht näher darauf eingehen, sondern lediglich ein paar lustige Tips zum Kennenlernen geben möchte:

- Jeder männliche Gast darf sich bei Eintreffen auf dem Fest aus einem Sortiment vorbereiteter Namensschildchen eines mit dem Vornamen eines weiblichen Gastes aussuchen und umgekehrt und muß die dazugehörige Person im Laufe des Abends finden. Das Ganze können Sie dann prämieren oder auch nicht. Feststeht: die Leute haben garantiert Spaß und kommen sich näher!
- Bitten Sie jeden Gast, etwas mitzubringen, daß selbstgebastelt ist und zum Beispiel nicht größer sein soll als ein Tennisball oder aus nicht mehr als zehn Teilen besteht. Diese Dinge müssen Sie dann natürlich prämieren, es kommen die witzigsten Sachen dabei heraus.
- Verschicken Sie mit der Einladung Blumensamen. Die Gäste sollen Pflanzen daraus ziehen und am Festabend mitbringen. Prämieren Sie die schönste und die häßlichste.

Festliche Tafelmusik
von Telemann·Bach, Vivaldi·Händel, Mozart und Rossini
PRODOTTO DA DISCHI RICORDI S.p.A.
45 GIRI
SRL 10-547
PERDONA BAMBINA
MAURIZIO VANDELLI
BIEM
BEN WEBSTER
STORMY WEATHER
VOL.2

Eine gute Möglichkeit, ein Fest aufzulockern, ist die Organisation einer Jazzband, eines Zauberers, Clowns oder sonstigen Unterhalters.
Schauen Sie einmal ins Wochenblättchen oder den Regionalteil Ihrer Zeitung, da wird so etwas meist angeboten. Allerdings können Unterhalter jeder Art einen harmonischen Abend auch kaputtmachen, angeregte Gespräche unterbrechen und die Stimmung sogar töten. Überlegen Sie sich deshalb genau den Zeitpunkt für den jeweiligen Auftritt, zum Beispiel gleich zu Beginn des Festes, dadurch gibt es auch schon eine Menge Gesprächsstoff. Vielleicht haben Sie ja auch Freunde, die ein Instrument spielen und die zu einer kleinen Einlage bereit sind. Das kommt gerade auf mittelgroßen Festen meist besser an als die Unterhaltung eines Profis.

Gästebücher und Gästeansprachen

Bücher, in die jeder Gast sich eintragen soll, können manchmal lästig sein, denn nicht jeder hat Lust dazu. Bei einem Fest mit besonderen Anlaß, wie zum Beispiel einem runden Geburtstag, einer Taufe oder einem Jubiläum, schreibt sicher gerne jeder etwas hinein. Bei einer Faschingsparty oder der Spontanfete sollten Sie dagegen lieber darauf verzichten.
Ähnliches gilt für Ansprachen von Seiten des Gastgebers. Richtig angebracht sind sie ebenfalls nur bei herausragenden Anlässen und dürfen unter Umständen auch etwas länger dauern. Bei »unwichtigeren« Festen sollten Sie sich auf ein: »Ich finde es nett, daß Ihr alle gekommen seid« oder etwas Ähnliches beschränken. So eine kleine Ansprache, die nicht in einen langweiligen Monolog ausartet, macht das Fest in jedem Fall persönlicher.

Wenn die Gäste kommen

Zu diesem Zeitpunkt haben Sie alles vorbereitet und warten ganz entspannt bei einem Glas Sekt oder Wein. Dimmen Sie das Licht ein wenig, denn grelle Beleutung wirkt abschreckend und ungemütlich. Sorgen Sie für Hintergrundmusik, die auch eventuelle peinliche Schweigepausen in der Anfangsphase der Party überspielt. Leichte Verlegenheit während der ersten Minuten läßt sich auch gut dadurch überbrücken, daß Sie die Gäste beschäftigen: Bitten Sie sie ruhig beim Weineinschenken, der Bedienung des Plattenspielers oder bei der Versorgung der Blumen zu helfen.
Werden Sie nicht nervös, wenn die Leute eine viertel- bis halbe Stunde später als erwartet eintreffen, das ist zwar nicht mehr »in«, aber leider üblich.
Dann nehmen Sie die Blumen in Empfang, stellen sie in die bereitgestellte Vase, bieten den Gästen einen Drink an (zum Beispiel einen Sherry oder einen der folgenden Cocktails) und vertrauen darauf, daß das Fest seine Eigendynamik entwickelt.

Bellini

Zutaten für 4 Personen:
½ l Pfirsichsaft
½ l Champagner oder Sekt
Den Pfirsichsaft mit einigen Eiswürfeln im Mixer verrühren. Dann in Gläser verteilen und jeweils mit eiskaltem Champagner oder Sekt auffüllen.

Kir

Zutaten für 4 Personen:
½ l trockener Weißwein
Crème de Cassis (Johannisbeerlikör)
Den möglichst kalten Weißwein in Gläser verteilen und jeweils mit einem Schuß Crème de Cassis verrühren.

Tom
Hanne

Silvester in Flammen

Festliches Menü am Tisch für 10 Personen

Eine herzliche Einladung zu einem schönen Silvestermenü kommt immer gut an, denn den letzten Tag des Jahres verbringt jeder gerne mit guten Freunden.
Natürlich können Sie dieses festliche Menü auch zu anderen Gelegenheiten, wie Geburtstag oder Jubiläum, oder einfach mal so als schickes Abendessen zubereiten.
Lassen Sie sich von der langen Garzeit der Suppe nicht beeindrucken: Sie gart von alleine, und in dieser Zeit können Sie etwas anderes tun, zum Beispiel den Tisch festlich dekorieren.

Ideen für die Einladungskarte

Durch eine weiße Briefkarte eine Wunderkerze stecken und die Karte mit einem silber- oder goldfarbenen Filzschreiber beschriften.

Ideen für den Tisch

Eine weiße Tischdecke (Sie können sich auch mit einem weißen Laken behelfen) oder Glanzfolie nehmen, in die Mitte viele Teelichter stellen und Kieselsteine darum herum legen. Wer eine Sitzordnung festlegen möchte, beschriftet jeweils einen Stein mit dem entsprechenden Namen. Dazu nehmen Sie am besten einen Folienschreiber oder auch einfach Wasserfarben.
Die Kieselsteine können Sie, falls Sie keinen Fluß in der Nähe haben, auch in Gärtnereien kaufen.

Außerdem

An Silvester Bleigießen bereitstellen

Wunderkerzen glitzern zwar schön, wie auf dem Foto zu sehen ist, können aber durch ihre Funken das Geschirr beschädigen. Gefahrloser und ebenso schön ist die Deko mit Teelichtern.

Das gibt es

1. Blattspinat mit Parmesanspänen
2. Kraftbrühe mit geröstetem Sellerie
3. Entenbrust in Orangensauce
4. Himbeer-Mascarpone-Creme

Getränke

Trockenen Weißwein (zum Beispiel Soave oder Silvaner), zur Ente können Sie zusätzlich einen Rotwein (zum Beispiel Bordeaux oder Chianti) reichen. Mineralwasser sollten Sie immer zusätzlich zum Alkohol anbieten. Champagner oder Sekt um Mitternacht

Das können Sie am Vortag tun

1. Ihre Vorräte prüfen und Fehlendes entsprechend der Zutatenlisten einkaufen
2. die Kraftbrühe kochen
3. die Getränke kühl stellen

So lange brauchen Sie für die Zubereitung:
etwa 4 ½ Stunden (davon 2 am Vortag)

Blattspinat mit Parmesanspänen

1200 g tiefgefrorener Blattspinat
2 große Zwiebeln
4 Knoblauchzehen
3 Eßl. Butter
Saft von 2–3 Zitronen
Salz
schwarzer Pfeffer, frisch gemahlen
5 Eßl. Olivenöl
etwa 300 g Parmesan am Stück

Zubereitungszeit: 1 ½ Stunden

1. Den Spinat in etwa 1 Stunde auftauen lassen.

2. Die Zwiebeln schälen und fein würfeln. Die Knoblauchzehen schälen.

3. In einem großen Topf die Butter zerlassen. Die Zwiebeln darin glasig dünsten. Die Knoblauchzehen durch die Presse dazudrücken. Den Blattspinat dazugeben, verrühren und zugedeckt bei mittlerer Hitze etwa 10 Minuten garen.

4. Den Zitronensaft mit Salz, Pfeffer und dem Olivenöl zu einer Marinade verrühren.

5. Den Spinat in einem Sieb abtropfen lassen, in eine Schüssel geben und mit der Marinade vermischen.

6. Erst kurz vor dem Servieren über jede Portion einige dicke Späne von dem Parmesan hobeln.

Kraftbrühe mit geröstetem Sellerie

Salz
4 Beinscheiben vom Rind (je 200 g)
2 Bund Suppengrün
weißer Pfeffer, frisch gemahlen
250 g Tatar
2 Eiweiß
2 Bund Schnittlauch
500 g eingelegter Selleriesalat (aus dem Glas)

Zubereitungszeit: etwa 3 ½ Stunden (davon 2 ½ Stunden Garzeit)

1. In einen großen Suppentopf etwa 2¼ l Salzwasser geben. Die Beinscheiben einlegen und zum Kochen bringen. Den entstehenden Schaum mehrmals mit einem Schaumlöffel abschöpfen. Das Fleisch dann zugedeckt bei schwacher Hitze etwa 2 Stunden kochen.

2. Das Suppengrün waschen, putzen und kleinschneiden. In die Suppe geben und etwa 30 Minuten darin ziehen lassen.

3. Die Suppe vom Herd nehmen und etwas abkühlen lassen. Die Beinscheiben herausnehmen und für ein anderes Gericht (zum Beispiel den Heringssalat, Rezept Seite 106) verwenden. Die Suppe durch ein Sieb in einen zweiten Topf gießen und wieder erhitzen.

4. Das Tatar mit den Eiweißen mischen, in die Suppe geben und etwa 5 Minuten kochen. Die Suppe wird dadurch »geklärt«. Die Brühe noch einmal durch ein Sieb abgießen und mit Salz und Pfeffer würzen. Die Suppe ist jetzt fertig und braucht nur noch vor dem Servieren aufgewärmt zu werden.

5. Den Schnittlauch waschen und in Röllchen schneiden.

6. Den Selleriesalat in ein Sieb gießen und gut abtropfen lassen. Dann bei starker Hitze in einer großen Pfanne ohne Fett unter Rühren etwa 10 Minuten gut anbraten.

7. Jeweils etwas von dem angerösteten Sellerie in vorgewärmte Suppenteller verteilen, die heiße Suppe darüber gießen und mit dem Schnittlauch bestreut sofort servieren.

Entenbrust in Orangensauce

4 küchenfertige Entenbrüstchen
(je etwa 350 g)
Salz
schwarzer Pfeffer, frisch gemahlen
4 Eßl. Butterschmalz
Saft von 2 Orangen
4 Orangen
⅛ l Orangenlikör, ersatzweise frisch gepreßter Orangensaft

Zubereitungszeit: etwa 25 Minuten

1. Die Entenbrüstchen waschen und mit Küchenpapier trockentupfen. Dann von beiden Seiten mit Salz und Pfeffer einreiben.

2. In einem großen Bratentopf das Butterschmalz erhitzen. Die Entenbrüstchen darin von beiden Seiten bei starker Hitze in einigen Minuten gut anbraten. Falls sie nicht gleichzeitig in den Topf passen, besser zwei Töpfe nehmen. Den Orangensaft und etwa ⅛ l Wasser dazugießen und die Entenbrüstchen zugedeckt etwa 10 Minuten bei schwacher Hitze garen.

3. Inzwischen die Orangen schälen und quer in dünne Scheiben schneiden, diese halbieren. Die Orangenscheiben mit dem Orangenlikör zu den Entenbrüstchen geben und alles noch etwa 5 Minuten ziehen lassen.

4. Die Entenbrüstchen aus der Sauce nehmen, quer zur Faser in dünne Scheiben schneiden und auf einer Platte anrichten. Die Orangensauce mit Salz und Pfeffer abschmecken und über die Entenbrust gießen. Dazu passen Bandnudeln oder Reis.

Himbeer-Mascarpone-Creme

600 g tiefgefrorene Himbeeren
750 g Mascarpone (italienischer Frischkäse)
¼ l Milch
4 Eßl. flüssiger Honig
4 Eier
2 Eßl. Zitronensaft
200 g Mandelstifte
Zitronenmelisse zum Garnieren

Zubereitungszeit: etwa 50 Minuten

1. Die Himbeeren in etwa 30 Minuten auftauen lassen.

2. Den Mascarpone mit der Milch und dem Honig in einer großen Schüssel mit den Schneebesen des Handrührgerätes schaumig rühren.

3. Die Eier trennen. Die Eigelbe zur Mascarpone-Creme geben und gut unterrühren. Die Eiweiße mit dem Zitronensaft steif schlagen, dann vorsichtig unterheben.

4. Die Creme in Gläser oder Schüsselchen verteilen und jeweils 1–2 Eßlöffel von den aufgetauten Himbeeren daraufgeben. Mit den Mandelstiften bestreuen, mit Zitronenmelisse garnieren und bis zum Servieren kühl stellen.

Tip!
Das Dessert schmeckt frisch am besten, also möglichst erst am späten Nachmittag zubereiten. Statt Mascarpone können Sie auch Sahnequark verwenden.

Im Büro, da ist was los

Bürofest für 10 Personen
Ob Geburtstag, Einstand, Ausstand oder Jubiläum – im Büro finden Sie immer einen Anlaß für ein nettes Plauderstündchen mit Kollegen.
Ein Glas Wein und einige leckere Happen, zu Hause ohne großen Aufwand in Ruhe vorbereitet, heben die Stimmung und fördern das Betriebsklima.
Lassen Sie sich von der insgesamt langen Zubereitungszeit nicht abschrecken: Denn während das Tirami su im Kühlschrank steht und der Teig für das Baguette ruht, haben auch Sie frei!

Ideen für die Einladungskarte
Eine »Interne Mitteilung« mit einem lustigen Aufkleber (Schreibwarengeschäft) verschicken.
Oder ganz viele Büroklammern an eine Briefkarte stecken und ein Weinglas auf die Karte zeichnen.

Ideen für die Dekoration
Einen Schreibtisch mit einem alten Stadtplan oder einer Landkarte bekleben, bunte Servietten dazulegen, farbige Büroklammern dazwischen streuen, in eine flache, mit Wasser gefüllte Schale schwimmende farbige Kerzen legen (gibts im Schreibwarenhandel), einen bunten Blumenstrauß oder Blumentöpfe auf den Tisch stellen.

Das gibt es
1. Baguette mit Walnüssen
2. Petersilienbutter
3. Staudensellerie mit Sahnegorgonzola
4. Hackfleisch-Schafkäse-Strudel
5. Tirami su

Getränke
Sekt oder Prosecco, italienischen Weißwein (zum Beispiel Soave) oder Bier, Mineralwasser

Das können Sie am Vortag tun
1. Ihre Vorräte prüfen und Fehlendes entsprechend der Zutatenlisten einkaufen
2. alles vorbereiten und kühl stellen
3. die Getränke kühl stellen (gleich im Büro!)

So lange brauchen Sie für die Zubereitung: etwa 6 ½ Stunden (davon 2 Stunden Kühlzeit für das Tirami su und 1 ½ Stunden Ruhezeit für den Baguetteteig)

Baguette mit Walnüssen

Zutaten für 1 Baguette:
1 Würfel Hefe (42 g)
etwa 350 ml lauwarme Milch
1 Teel. Zucker
500 g Weizenvollkornmehl
2 Teel. Salz
4 Eßl. gehackte Walnußkerne
Butter für das Backblech
Milch zum Bestreichen

Zubereitungszeit: etwa 2 ½ Stunden (davon 1 ½ Stunden Ruhezeit und 50 Minuten Backzeit)

1. In einer Schüssel die Hefe mit 100 ml Milch und dem Zucker verrühren. Den Vorteig etwa 15 Minuten an einem warmen Ort gehen lassen.

2. Das Mehl, die restliche Milch und das Salz dazugeben und alles etwa 10 Minuten mit den Händen oder in der Küchenmaschine auf der niedrigsten Stufe mit dem Kneteinsatz zu einem geschmeidigen Teig kneten. Den Teig zugedeckt an einem warmen Ort etwa 40 Minuten gehen lassen, bis sich sein Volumen etwa verdoppelt hat.

3. Ein Backblech mit Butter fetten.

4. Die Walnußkerne unter den Teig kneten, einen länglichen Brotlaib daraus formen, auf das Backblech legen und nochmals zugedeckt etwa 30 Minuten gehen lassen.

5. Den Backofen auf 220° vorheizen.

6. Den Brotlaib in der Mitte der Länge nach mit einem Messer einkerben, dann mit etwas Milch bestreichen und im Backofen (Mitte) 30–35 Minuten backen. Das Brot ist fertig, wenn es hohl klingt, wenn Sie mit dem Fingerknöchel auf die Unterseite klopfen. Das Brot auf einem Kuchengitter auskühlen lassen.

Tip!
Aus dem gleichen Teig können Sie auch Brötchen formen, dann reduziert sich die Backzeit auf etwa 20 Minuten. Falls Ihnen das Brotbacken aber insgesamt zu aufwendig ist, kaufen Sie einfach frisches Brot oder verschiedene Brötchen beim Bäcker!

Petersilienbutter

1 Bund Petersilie
250 g zimmerwarme Butter
Salz
schwarzer Pfeffer, frisch gemahlen

Zubereitungszeit: etwa 15 Minuten

1. Die Petersilie waschen, trockenschütteln und ohne die groben Stiele fein hacken. Dann unter die weiche Butter mischen und mit Salz und Pfeffer würzen.

2. Aus der Butter tischtennisballgroße Kugeln formen und im Kühlschrank fest werden lassen.

Staudensellerie mit Sahnegorgonzola

10 Stangen Staudensellerie
150 g Sahnegorgonzola
2 Eßl. Crème fraîche
1 Eßl. Zitronensaft
schwarzer Pfeffer, frisch gemahlen

Zubereitungszeit: etwa 30 Minuten

1. Den Staudensellerie gründlich waschen und mit Küchenpapier trockentupfen. In die Stangen zerlegen, die grünen Blätter daranlassen.

2. Den Sahnegorgonzola mit der Crème fraîche und dem Zitronensaft cremig rühren. Mit Pfeffer würzen.

3. Die Selleriestangen mit der Käsemischung füllen, mit dem Grün nach oben in große Gläser oder Becher stellen und bis zum Servieren kühl stellen.

Hackfleisch-Schafkäse-Strudel

2 Zwiebeln
2 altbackene Brötchen
1 Eßl. Butterschmalz
1 kg gemischtes Hackfleisch
1 Ei
200 g Schafkäse
Salz
schwarzer Pfeffer, frisch gemahlen
1 Teel. getrockneter Thymian
1 Bund Petersilie
2 Päckchen fertiger Strudelteig
1 Eigelb
2 Tomaten
500 g Emmentaler, frisch gerieben
Backpapier für das Blech

Zubereitungszeit: etwa 1 ½ Stunden
(davon 30 Minuten Backzeit)

1. Die Zwiebeln schälen und fein hacken. Die Brötchen in einer Schüssel in Wasser einweichen.

2. Das Butterschmalz in einer Pfanne erhitzen. Die Zwiebeln darin unter Rühren glasig dünsten. Das Hackfleisch dazugeben und in etwa 10 Minuten bei starker Hitze gut durchbraten. Dann die Hackfleischmasse in eine Schüssel geben.

3. Die Brötchen ausdrücken und mit dem Ei unter die Hackfleischmasse rühren. Den Schafkäse dazubröckeln und alles mit Salz, Pfeffer und dem Thymian würzen.

4. Die Petersilie waschen, trockenschütteln und fein hacken. Die Hälfte davon unter die Hackfleischmasse mischen.

5. Das Backblech mit Backpapier belegen. Den Backofen auf 180° vorheizen.

6. Einen Strudelteig auf das Blech legen. Den zweiten darüber ausbreiten. Die Hackfleischmasse in die Mitte geben, am Rand mindestens 2 cm frei lassen. Den Teig an allen Seiten etwas über der Füllung einschlagen. Den Teig vorsichtig aufrollen.

7. Den Hackfleischstrudel mit dem Eigelb bestreichen und im Backofen (Mitte) etwa 20 Minuten backen.

8. Die Tomaten waschen und quer in Scheiben schneiden. Nach 20 Minuten Backzeit den Strudel mit den Tomatenscheiben belegen, die restliche Petersilie darauf verteilen und den Emmentaler darüber streuen. Den Strudel weitere 10 Minuten backen, bis der Käse geschmolzen und goldbraun ist.

9. Den Strudel im Büro kalt servieren. Schmeckt aber auch warm sehr gut.

Tirami su

6 Eier
6 Eßl. Zucker
750 g Mascarpone (italienischer Frischkäse)
3 Eßl. Rum oder Cognac nach Belieben
¼ l starker, frisch gekochter Kaffee
500 g Löffelbiskuits (aus der Packung)
3 Eßl. Kakaopulver

Zubereitungszeit: etwa 2 ½ Stunden
(davon 2 Stunden Kühlzeit)

1. Die Eier trennen. Die Eigelbe mit dem Zucker in einer Schüssel schaumig rühren. Den Mascarpone und nach Belieben den Rum oder Cognac dazugeben und alles gut verrühren.

2. Die Eiweiße steif schlagen und unter die Mascarponecreme heben.

3. Den Kaffee in eine Schüssel gießen, die Löffelbiskuits einzeln kurz in den Kaffee tauchen, herausnehmen und den Boden einer rechteckigen Form mit der Hälfte der Biskuits auslegen. Die Hälfte der Mascarponecreme darüber verstreichen, dann wieder eine Schicht mit Kaffee getränkter Löffelbiskuits darüber legen und die restliche Creme darauf verteilen. Die Oberfläche glattstreichen.

4. Die Creme zudecken und im Kühlschrank mindestens 2 Stunden kühlen. Kurz vor dem Servieren das Kakaopulver darüber sieben.

Einladung für 30 Personen

Kleine Wohnung, wenig Sitzgelegenheiten, kein Besteck, kaum Geschirr, und trotzdem möchten Sie einfach mal wieder viele Freunde einladen. Leute, die Sie vielleicht das ganze Jahr über sonst nicht sehen, mal wieder sprechen – das Essen ist gar nicht so wichtig –, und »Fingerfood« läßt man sich mit den Fingern und im Stehen schmecken. Eine kommunikative Sache!

Ideen für die Einladungskarte

Die eigene (kleine) Wohnung fotografieren, das Foto vervielfältigen und als Postkarte verschicken. Text: »Platz ist auch in der kleinsten Hütte… deshalb lade ich (laden wir) Dich (Sie, Euch) auf ein Häppchen ein…«
Oder den Grundriß der Wohnung aufzeichnen, kopieren und mit Text als Einladung verschicken.

Ideen für das Buffet

Alles in Schwarzweiß dekorieren: Tapeziertisch oder einen anderen großen Tisch (zum Beispiel den Schreibtisch) mit Zeitungspapier verkleiden, weiße Tulpensträuße oder andere weiße Blumen, weiße und/oder schwarze Servietten, weiße Kerzen darauf stellen, großen Spiegel an den Rücken des Buffets stellen, eine Kette mit elektrischen Glühkerzen darüber hängen.

Das gibt es

1. Avocadodip mit Rohkost
2. Pizza mit Auberginen und Oliven
3. Bananen-Mozzarella-Häppchen
4. Würstchen im Schlafrock
5. Gurken mit Schinken und Dill
6. Schoko-Mandel-Würfel

Getränke
Prosecco, trockenen Weißwein (zum Beispiel Ruländer oder einen weißen Bordeaux wie Entre-deux-mers) oder einen leichten Rotwein (Trollinger), Mineralwasser

Das können Sie am Vortag tun
1. Ihre Vorräte prüfen und Fehlendes entsprechend der Zutatenlisten einkaufen
2. die Pizza zubereiten
3. die Schoko-Mandel-Würfel zubereiten
4. Getränke kühl stellen

So lange brauchen Sie für die Zubereitung: etwa 5 ½ Stunden (davon 2 am Vortag)

Avocadodip mit Rohkost

Salz
1 Blumenkohl
1 kg Möhren
4 große Zwiebeln
4 Knoblauchzehen
500 g Tomaten
4 reife Avocados
2 kg saure Sahne
2–4 Eßl. Zitronensaft
Pfeffer, frisch gemahlen

Zubereitungszeit: etwa 40 Minuten

1. In einem großen Topf reichlich Salzwasser zum Kochen bringen.

2. Inzwischen den Blumenkohl vom Strunk befreien, in kleine Röschen teilen und waschen. Die Röschen in dem kochenden Salzwasser etwa 5 Minuten garen, dann in ein Sieb abschütten, abschrecken und abtropfen lassen.

3. Die Möhren waschen, schälen und in etwa 1 cm dicke und 5 cm lange Stifte schneiden. Mit den Blumenkohlröschen zugedeckt kalt stellen.

4. Die Zwiebeln und die Knoblauchzehen schälen und fein hacken. Die Tomaten heiß überbrühen, häuten und vierteln, dabei die Stengelansätze und Kerne entfernen.

5. Die Avocados längs halbieren. Die Kerne herausnehmen, aber nicht wegwerfen, sondern beiseite legen. Das Avocadofleisch mit der sauren Sahne, den Zwiebeln, dem Knoblauch und den Tomaten im Mixer oder mit dem Stabmixer fein pürieren. Mit dem Zitronensaft, Pfeffer und Salz würzen.

6. Den Dip in zwei oder mehrere Schüsseln verteilen, jeweils 1 Avocadokern mit hineingeben (dann wird der Dip nicht so schnell braun) und bis zum Servieren kalt stellen. Dann die Dips eventuell mit Avocado- oder Tomatenwürfeln garnieren und mit der Rohkost servieren.

Tip!
Sie können auch andere Gemüsesorten als Rohkost reichen, zum Beispiel Zucchinistreifen oder Staudensellerie. Noch unreife, harte Avocados werden über Nacht weich, wenn Sie sie mit einem Apfel in Zeitungspapier wickeln und an einen warmen Ort legen.

Pizza mit Auberginen und Oliven

1 kg tiefgefrorener Hefeteig
3 schmale Auberginen (etwa 600 g)
Salz
4 Knoblauchzehen
⅛ l Olivenöl
schwarzer Pfeffer, frisch gemahlen
250 g Tomatenpüree
340 g in Öl eingelegte Paprikaschoten (aus dem Glas)
100 g Butter
150 g schwarze Oliven ohne Stein
1 Eßl. Kräuter der Provence
150 g Parmesan, frisch gerieben
Fett für das Backblech
Mehl für die Arbeitsfläche

Zubereitungszeit: etwa 2 ¾ Stunden (davon 2 Stunden Ruhezeit und 35 Minuten Backzeit)

1. Die Hefeteigplatten etwa 1 Stunde auftauen lassen.

2. Das Backblech fetten. Den Teig auf einer bemehlten Arbeitsfläche in der Größe des Bleches ausrollen, darauf legen und etwa 1 Stunde gehen lassen.

3. Inzwischen die Auberginen waschen, putzen und in etwa 1 cm dicke Scheiben schneiden. Mit Salz bestreuen und etwa 30 Minuten ziehen lassen. Den Knoblauch schälen und fein hacken.

4. Die Auberginen mit Küchenpapier abtupfen. In einer großen Pfanne etwa 1 Eßlöffel Öl erhitzen. Die Auberginen darin portionsweise von beiden Seiten etwa 4 Minuten bei mittlerer Hitze anbraten. Zum Schluß etwas Knoblauch untermischen und kurz mitbraten. Die Auberginen mit Salz und Pfeffer würzen.

5. Den Backofen auf 200° vorheizen.

6. Den Hefeteig mit dem Tomatenpüree bestreichen, dann die Auberginenscheiben darauf verteilen. Die Paprikaschoten abtropfen lassen, in Streifen schneiden und zwischen die Auberginenscheiben legen.

7. Die Butter in Flöckchen darauf legen, die Oliven darauf verteilen, mit den Kräutern und dem Parmesan bestreuen. Die Pizza im Backofen (Mitte) etwa 35 Minuten backen, bis sie gebräunt ist. Die Pizza abkühlen lassen und in etwa 30 Stücke schneiden.

Bananen-Mozzarella-Häppchen

2 Baguettes
8 Bananen
900 g Mozzarella
Salz
schwarzer Pfeffer, frisch gemahlen
500 g grüne Weintrauben

Zubereitungszeit: etwa 30 Minuten

1. Die Baguettes in etwa 1 cm dicke Scheiben schneiden und nebeneinander auf ein oder zwei Backbleche legen.

2. Den Backofen auf 200° vorheizen.

3. Die Bananen schälen und in Scheiben schneiden. Die Mozzarella abtropfen lassen und ebenfalls in dünne Scheiben schneiden.

4. Die Baguettescheiben jeweils mit 1 Bananenscheibe und 1 Scheibe Mozzarella belegen und mit Salz und Pfeffer würzen.

5. Die Brotscheiben im Backofen (Mitte) etwa 10 Minuten überbacken, bis sie leicht gebräunt sind.

6. Inzwischen die Weintrauben waschen und von den Stielen pflücken. Jeweils 1 Traube mit einem Cocktailspießchen auf die Brote stecken.

Würstchen im Schlafrock

Zutaten für 72 Stück:
12 Platten tiefgefrorener Blätterteig (2 Packungen von je 450 g)
72 Cocktailwürstchen (aus dem Glas)
5 Eigelb
⅛ l Milch
Sesamsamen und/oder Mohn zum Bestreuen
Backpapier für das Blech

Zubereitungszeit: etwa 1 ¼ Stunden (davon 40 Minuten Ruhezeit und 15 Minuten Backzeit)

1. Die Blätterteigplatten etwa 20 Minuten antauen lassen.

2. Jede Platte etwas flacher rollen, dann längs durchschneiden und jede Hälfte noch zweimal quer durchschneiden, so daß aus jeder Platte 6 Rechtecke von etwa 5 x 8 cm Größe entstehen. Jeweils 1 Würstchen mit 1 Teigstück umwickeln und etwa 20 Minuten ruhen lassen.

3. Den Backofen auf 200° vorheizen. Ein Backblech mit Backpapier auslegen.

4. Die Eigelbe mit der Milch verquirlen. Die Würstchen nebeneinander mit der Teignaht nach unten auf das Backblech legen, mit der Eigelbmilch bestreichen, mit Sesam oder Mohn bestreuen und im Backofen (Mitte) in etwa 15 Minuten goldbraun backen.

Tip!
Radieschensträuße
Radieschen waschen, putzen und an der Oberseite kreuzweise einschneiden. 10–20 Minuten in kaltes Wasser legen, bis sie wie Rosen aufgehen. Jeweils 1 Radieschen auf einen Holzspieß stecken und in Gläser verteilen. Krause Petersilie zwischen die Radieschen stecken oder in eigenen Gläsern mit auf das Buffet stellen.
Zu den Würstchen schmeckt Chilisauce (aus dem Glas) oder auch Mayonnaise.

Gurken mit Schinken und Dill

6 Gurken (möglichst mit unbehandelter Schale)
1 kg Sahnequark
¼ l Milch
4 Bund Dill
500 g gekochter Schinken
schwarzer Pfeffer, frisch gemahlen
Salz
Dillzweige zum Garnieren

Zubereitungszeit: etwa 30 Minuten

1. Die Gurken waschen und abtrocknen, längs halbieren und die Kerne mit einem kleinen Löffel herauskratzen.

2. Den Sahnequark mit der Milch cremig rühren. Den Dill waschen, trockenschütteln und ohne die groben Stiele fein hacken. Unter den Quark mischen. Den Schinken fein würfeln und ebenfalls unterrühren. Den Quark mit Pfeffer und Salz abschmecken und in die Gurkenhälften füllen.

3. Die Gurkenhälften in etwa 2 cm dicke Scheiben schneiden. Zugedeckt kalt stellen und mit Dillzweigen garniert servieren.

Tip!
Auf ein Fingerfoodbuffet passen auch noch jede Menge Köstlichkeiten, die Sie fast fertig kaufen können: Käsewürfel, mit Obst auf Spießchen gesteckt, Oliven, Cracker zum Dippen, kleine runde Pumpernickel mit einem leckeren Aufstrich, hartgekochte halbierte Eier mit Mayonnaise oder einem Klecks Kaviar und, und, und…

Schoko-Mandel-Würfel

750 g gehackte Mandeln
375 g gewürfeltes Zitronat
750 g Blockschokolade
3 Eßl. Kakaopulver
750 g Zucker
2 Eßl. Rum nach Belieben
40 g gehobelte Mandeln oder
40 Mandelhälften
Öl für das Brett oder Blech

Zubereitungszeit: etwa 20 Minuten (plus Kühlzeit über Nacht)

1. Die Mandeln und das Zitronat in den Mixer geben, die Blockschokolade dazubröckeln und alles fein zerkleinern. Den Kakao unterrühren.

2. Den Zucker mit 150 ml Wasser aufkochen und über die Schokoladenmasse gießen. Den Rum nach Belieben unterrühren.

3. Ein großes Brett oder Blech mit Öl ausfetten und die Masse etwa 1 cm dick darauf streichen. Über Nacht zugedeckt kalt stellen und fest werden lassen. Am nächsten Tag in Würfel schneiden und jeden Würfel mit 1 Mandelblättchen oder -hälfte verzieren. Dann servieren oder in einem luftdichten Behälter aufbewahren.

Tip!
Hübsch sehen die Würfel aus, wenn Sie sie in Papiermanschetten (Haushaltwarengeschäft) geben.

Sommerparty für 20 Personen

Holzkohlenduft, gegrilltes Fleisch und Gemüse, dazu würzige Marinaden – da kann keiner widerstehen!
Grillen ist eine gesellige Aktion, und gute Laune stellt sich, sofern das Wetter mitspielt, meist von selbst ein. Außer ein paar Vorbereitungen haben Sie als Gastgeber kaum etwas zu tun, denn gar wird das Grillgut schließlich von alleine – und außerdem helfen die Gäste bestimmt gerne mit, denn das fördert die Kommunikation.
Da Sie sicher wissen, wie Sie ein Kotelett, Schnitzel oder eine Tomate grillen, finden Sie hier einige ausgefallenere Rezeptideen.
Grillen ist leider nicht überall erlaubt, zum Beispiel auf keinen Fall auf dem Balkon. Wer also keinen Garten hat, sollte sich bei der Gemeinde oder Stadt nach öffentlichen Grillplätzen erkundigen.

Ideen für die Einladungskarte

Landjäger (hartes Dauerwürstchen) mit einer Serviette umwickeln, ein Schildchen daran festbinden und das Ganze in einem Umschlag verschicken (mit dem Hinweis: Sofort öffnen, es geht um die Wurst!)

Ideen für die Gartendekoration

Genügend Tische und Stühle aufstellen (eventuell Biertische und -bänke beim Partyservice oder Getränkehändler ausleihen), mit blau-weiß- oder rot-weiß-kariertem Stoff beziehen (Sie können auch karierte Geschirrtücher nehmen), Wein in Steingut- oder Glaskaraffen gleich mit den Gläsern auf den Tisch stellen, die Tische mit Radieschensträußchen (siehe Seite 38) dekorieren, auf jeden Tisch einen Brotkorb mit frischem Weißbrot, Brötchen und eventuell Brezeln stellen.
Partyfackeln aufstellen, in eine Ecke des Garten können Sie die Bierzapfstelle als kommunikativen Treffpunkt verlegen (1 Faß Bier aufstellen).

Das gibt es

1. Hühnerfleischspieße mit Ananas
2. Kalbsschnitzel mit Salbei und Schinken
3. Tagliatelle-Zucchini-Salat
4. Aioli
5. Eiersauce
6. Bananen mit Rum und Sahne

Getränke

Gekühlten, süffigen Rosé (zum Beispiel Weißherbst oder Côtes de Provence rosé), Bier vom Faß, Mineralwasser und eventuell gut gekühltes alkoholfreies Bier

Das können Sie am Vortag tun

1. Ihre Vorräte prüfen und Fehlendes entsprechend der Zutatenlisten einkaufen
2. Hühnerfleischspieße vorbereiten
3. Kalbschnitzel vorbereiten
4. Tagliatelle-Zucchini-Salat zubereiten
5. Aioli zubereiten
6. die Getränke kühl stellen

So lange brauchen Sie für die Zubereitung: etwa 6 Stunden (davon 4 ½ am Vortag, einschließlich 2 Stunden Marinierzeit)

Tip!
Gartengrill anzünden

Mit einem Grillanzünder (gibts da, wo Sie auch die Holzkohle kaufen, zum Beispiel an der Tankstelle, in Drogeriemärkten, Haushaltwarengeschäften, Baumärkten).
Etwas Holzkohle auf dem Boden des Grills verteilen. Einen Riegel Grillanzünder nach Anleitung auf der Grillanzünderpackung auf die Holzkohle legen und anzünden. Jetzt weitere Holzkohle auf den brennenden Riegel schichten und so lange warten, bis der Grillanzünder abgebrannt und die Holzkohle durchgeglüht ist. Dann erst das Grillgut auf den Grillrost legen.

Hühnerfleischspieße mit Ananas

10 doppelte, entbeinte Hühnerbrüstchen
1 frische Ananas (oder 2 Dosen Ananas in Stücken)
500 g Champignons
2 Eßl. Zitronensaft
500 g Schalotten
Für die Marinade:
10 Eßl. Sojasauce
Saft von 2 Zitronen
¼ l Ananassaft
Salz
Pfeffer, frisch gemahlen
20 Grillspießchen

Zubereitungszeit: etwa 2 ½ Stunden (davon 2 Stunden Marinierzeit)

1. Die Hühnerbrüstchen abspülen, trockentupfen und in mundgerechte Würfel schneiden.

2. Die Ananas schälen und in mundgerechte Würfel schneiden. Oder die Ananas aus der Dose in einem Sieb abtropfen lassen und den Saft dabei auffangen. Die Champignons waschen oder mit Küchenpapier abreiben, putzen und mit dem Zitronensaft beträufeln. Die Schalotten schälen.

3. Das Hühnerfleisch, die Ananasstückchen, die Champignons und die Schalotten abwechselnd auf die Spieße stecken.

4. Für die Marinade die Sojasauce in einem Schälchen mit dem Zitronensaft und dem Ananassaft verrühren. Mit Salz und Pfeffer würzen.

5. Die Spieße in eine tiefe Form legen, mit der Marinade begießen und mindestens 2 Stunden durchziehen lassen.

6. Dann auf dem heißen Holzkohlengrill in insgesamt etwa 15 Minuten von allen Seiten grillen, dabei immer wieder mit der Marinade bestreichen.

Kalbsschnitzel mit Salbei und Schinken

20 Kalbsschnitzel (je 180 g)
20 Scheiben magerer, roher Schinken (am besten Parmaschinken)
2 Bund Salbei
Für die Marinade:
5 Eßl. Marsala
5 Eßl. Olivenöl
Salz
schwarzer Pfeffer, frisch gemahlen
kleine Holzspießchen oder Rouladennadeln

Zubereitungszeit: etwa 2 ½ Stunden (davon 2 Stunden Marinierzeit)

1. Die Kalbsschnitzel trockentupfen und jeweils mit 1 Schinkenscheibe belegen.

2. Den Salbei waschen, trockenschütteln und die Blättchen abzupfen. Jeweils 2–3 Blättchen auf die Schinkenscheiben legen und mit je einem Spießchen auf den Schnitzeln feststecken.

3. Für die Marinade den Marsala mit dem Olivenöl, Salz, Pfeffer und 2–3 Eßlöffeln Wasser verrühren. Die Schnitzel in eine tiefe Form legen und mit der Marinade beträufeln. Zugedeckt etwa 2 Stunden durchziehen lassen.

4. Die Schnitzel auf dem heißen Grill 3–5 Minuten pro Seite grillen, dabei häufig mit der Marinade bestreichen.

Tagliatelle-Zucchini-Salat

1 kg grüne Tagliatelle
Salz
1 kg Zucchini
2 Bund Frühlingszwiebeln
etwa ¼ l Olivenöl
5 Knoblauchzehen
schwarzer Pfeffer, frisch gemahlen
⅛ l Weißweinessig
2 Bund Petersilie
300 g Pinienkerne
etwa 50 g Parmesan, frisch gerieben

Zubereitungszeit: etwa 2 Stunden (davon 1 Stunde Marinierzeit)

1. Die Nudeln in reichlich kochendem Salzwasser al dente (bißfest) kochen. Sie dürfen nicht zu weich sein. In ein Sieb abschütten, abschrecken und sofort mit etwas Kochwasser in eine große Schüssel geben.

2. Die Zucchini waschen, putzen und auf einem Gurkenhobel in feine Scheibchen hobeln. Die Frühlingszwiebeln waschen, putzen und mit dem zarten Grün in dünne Röllchen schneiden.

3. Etwas Olivenöl in einer großen Pfanne erhitzen. Die Knoblauchzehen schälen und durch die Presse drücken. Die Zucchini im Öl bei mittlerer Hitze etwa 5 Minuten garen. Dann den Knoblauch dazugeben und kurz mitbraten. Die Zucchini mit Salz und Pfeffer würzen und mit den Frühlingszwiebeln unter die Nudeln mischen.

4. Für die Sauce das restliche Olivenöl mit dem Essig verrühren, mit Pfeffer und Salz würzen.

5. Die Petersilie waschen, trockenschütteln, ohne die groben Stiele fein hacken und unter die Salatsauce rühren.

6. Den Nudelsalat mit der Sauce mischen, mit den Pinienkernen bestreuen und mindestens 1 Stunde zugedeckt kalt stellen.

7. Den Salat vor dem Servieren mit dem frisch geriebenen Parmesan bestreuen.

Aioli

16 Knoblauchzehen
4 Eigelb
2 Teel. Salz
4 Eßl. Zitronensaft
etwa 1 l Olivenöl

Zubereitungszeit: etwa 20 Minuten

1. Die Knoblauchzehen schälen und mit den Eigelben, dem Salz und dem Zitronensaft im Mixer pürieren.

2. Das Olivenöl unter ständigem Schlagen in dünnem Strahl zufließen lassen. Rühren, bis die Aioli eine cremige Konsistenz hat.

Eiersauce

20 Eier
500 g Crème fraîche
500 g saure Sahne
Salz
weißer Pfeffer, frisch gemahlen
1–2 Teel. Currypulver
2 Bund Dill

Zubereitungszeit: etwa 20 Minuten

1. Die Eier in etwa 10 Minuten hartkochen. Dann kalt abschrecken, abkühlen lassen, schälen und fein hacken.

2. Die Crème fraîche in einer Schüssel mit der sauren Sahne verrühren, die Eier untermischen. Die Sauce mit Salz, Pfeffer und dem Currypulver würzen.

3. Den Dill waschen, trockenschütteln und einige Zweige zum Garnieren beiseite legen. Den Rest ohne die Stiele kleinschneiden und unter die Sauce mischen. Die Eiersauce mit den Dillzweigen garniert anrichten.

Bananen mit Rum und Sahne

20 Bananen
1 kg Sahne
4 Päckchen Vanillinzucker
etwa 6 Eßl. Rum (mindestens 50 % Alkohol) zum Flambieren

Zubereitungszeit: etwa 20 Minuten

1. Die Bananen schälen und längs halbieren. Auf dem heißen Grill pro Seite 2–5 Minuten anrösten.

2. Inzwischen die Sahne mit dem Vanillinzucker verrühren.

3. Die gegrillten Bananen mit dem Rum beträufeln. Den Rum mit einem Streichholz anzünden und die Bananen flambieren, bis die Flamme erloschen ist. Mit der Vanillesahne servieren.

Tip!
Bei einem Grillfest sind Ihrer Phantasie natürlich keinesfalls Grenzen gesetzt. Sie können auch alle möglichen anderen Fleischsorten oder Gemüse wie Zucchini oder Auberginen auf den Grill legen und mit den Saucen servieren. Dazu jede Menge fertige Zutaten wie Gurken, Silberzwiebeln, Maiskölbchen und anderes sauer Eingelegtes oder Oliven kaufen.

Hier gehts um die Pasta

Nudelaktion für 9 Personen

Spaghetti, Makkaroni, Vermicelli und Co, wer könnte ihnen schon widerstehen?

Laden Sie doch mal zu einer Nudelparty ein. Und: Bereiten Sie so gut wie nichts vor, sondern lassen Sie Ihre Gäste mithelfen.

Machen Sie die Nudeln selbst, das bringt allen Spaß und ist äußerst unterhaltsam, ganz abgesehen davon, daß selbstgemachte Pasta unvergleichlich gut schmeckt. Zu so einem Pastaabend bitten Sie Ihre Gäste am besten nicht zu spät zu sich, sondern vielleicht schon am Spätnachmittag, damit der Hunger nicht zu groß wird, bis es endlich etwas gibt.

Den Nudelteig sollten Sie allerdings schon mittags zubereiten, denn er muß vor der Verarbeitung mindestens 2 Stunden ruhen.

Wenn Sie allerdings überhaupt keine Lust auf Küchen-Trubel haben, kochen Sie einfach fertige Nudeln zu den köstlichen Saucen.

Ideen für die Einladungskarte

Mit einer länglichen Einladungskarte ein paar mit einer Schleife zusammengebundene Spaghetti verschicken.

Oder auf die Einladungskarten einen Teller malen und Nudeln und Puppenbesteck (gibts in Spielwarengeschäften) darauf kleben.

Wichtig: Auf der Einladung darauf hinweisen, daß noch nicht alles fertig ist, wenn die Gäste kommen.

Das gibt es

1. Grundrezept Pastateig
2. Pilz-Sahne-Sauce
3. Salbei-Zitronen-Sauce
4. Thunfisch-Tomaten-Sauce
5. fertig Gekauftes wie Oliven, Pistazien, Kürbiskerne, Rohkost und Salzstangen, damit die Gäste während der Nudelaktion nicht zu hungrig werden.

Getränke
Prosecco, einen leichten Rotwein (zum Beispiel Bardolino oder Valpolicella), Mineralwasser

Außerdem
Etwas zum Knabbern für die Nudelaktion.
Außer den selbst gemachten Nudeln noch einmal etwa 1 kg fertig gekaufte oder die doppelte Menge der selbstgemachten herstellen.
Und: Reichlich Baguette zum Auftunken der Saucen.
Auch ein bunter Salat aus verschiedenen Blattsalaten, Tomaten, Gurken und vielem mehr schmeckt zu Nudeln immer gut.

Das können Sie am Vortag tun
1. Ihre Vorräte prüfen und Fehlendes entsprechend der Zutatenlisten einkaufen
2. die Getränke kühl stellen

So lange brauchen Sie für die Zubereitung: etwa 4 ½ Stunden (davon 2 ½ Stunden Ruhezeit)

Grundrezept Pastateig

750 g Hartweizengrieß
6 Eier
Salz
Mehl zum Ausrollen

Zubereitungszeit: etwa 3 Stunden (davon 2 ½ Stunden Ruhezeit)

1. Den Hartweizengrieß auf die Arbeitsfläche häufen, in die Mitte eine Mulde drücken und die Eier hineinschlagen.

2. Die Eier mit einer Gabel verquirlen und nach und nach mit dem Hartweizengrieß mischen. Die Masse dann mit den Händen in etwa 5 Minuten zu einem geschmeidigen Teig verkneten. Sie können die Zutaten auch in einer Schüssel mit den Knethaken des Handrührgerätes verkneten. In jedem Fall aber den Teig ab und zu fest auf die Kante der Arbeitsfläche schlagen, damit die Luft entweicht.

3. Den Teig in Folie wickeln und etwa 2 Stunden bei Zimmertemperatur ruhen lassen.

4. Den Teig in 4 gleich große Stücke teilen, 3 Stücke wieder in Folie verpacken und in einer Schüssel zugedeckt beiseite stellen. Das übrige Teigstück auf der leicht bemehlten Arbeitsfläche möglichst dünn ausrollen.

5. Den ausgerollten Teig entweder für Tagliatelle in etwa 1 cm breite Streifen oder in noch dünnere Streifen schneiden. Oder in der Nudelmaschine auf die gewünschte Größe zurechtschneiden. Die Streifen über den Rand eines Kochtopfes hängen oder auf sauberen Küchentüchern ausbreiten und etwa 30 Minuten trocknen lassen.

6. In einem großen Topf reichlich Salzwasser zum Kochen bringen. Die Pasta darin in 3–5 Minuten al dente (bißfest) kochen. Dann in ein Sieb abgießen, dabei das Kochwasser auffangen. Die Nudeln mit 4–5 Eßlöffeln Kochwasser wieder in den Topf zurückschütten und möglichst sofort mit der jeweiligen Sauce servieren.

Pilz-Sahne-Sauce

60 g getrocknete Steinpilze
3 Knoblauchzehen
600 g Champignons
100 g Butter
3 Eßl. Olivenöl
Salz
schwarzer Pfeffer, frisch gemahlen
500 g Sahne
200 g Parmesan, frisch gerieben

Zubereitungszeit: etwa 40 Minuten

1. Die Steinpilze in einer Tasse mit lauwarmem Wasser bedecken und etwa 30 Minuten einweichen, dann in ein Sieb abgießen. Die Einweichflüssigkeit auffangen und durch eine Filtertüte schütten. Die Pilze kleinschneiden. Den Knoblauch schälen. Die Champignons kurz waschen oder mit Küchenpapier abreiben, putzen und in feine Scheiben schneiden.

2. In einer Pfanne die Butter mit dem Öl erhitzen. Den Knoblauch durch die Presse hineindrücken und glasig werden lassen. Dann die Steinpilze und die Hälfte der Einweichflüssigkeit dazugeben und bei mittlerer Hitze etwa 5 Minuten garen.

3. Die Champignons zu den Pilzen in die Pfanne geben und weitere 5 Minuten bei mittlerer Hitze garen, bis die Flüssigkeit fast verdampft ist. Mit Salz und Pfeffer würzen.

4. Die Sahne unter die Pilze gießen und unter Rühren etwas einkochen lassen. Die Sauce noch einmal abschmecken und eventuell nachwürzen. Den Parmesan zu den Nudeln mit der Sauce reichen.

Salbei-Zitronen-Sauce

1 Bund Salbei
100 g Butter
Saft von 1 Zitrone
500 g Sahne
Salz
schwarzer Pfeffer, frisch gemahlen
3 Eßl. Pinienkerne
200 g Parmesan, frisch gerieben

Zubereitungszeit: etwa 20 Minuten

1. Den Salbei waschen, trockenschütteln und die Blättchen in Streifen schneiden.

2. In einer Pfanne die Butter zerlassen, den Salbei und den Zitronensaft hineinrühren. Die Sahne dazugeben und unter Rühren bei mittlerer bis starker Hitze cremig einkochen lassen. Mit Salz und Pfeffer würzen.

3. Die Pinienkerne in einer trockenen Pfanne unter Rühren bei mittlerer Hitze anrösten. Mit der Sauce über die Pasta verteilen. Den geriebenen Parmesan dazu reichen.

Thunfisch-Tomaten-Sauce

500 g Tomaten
3 Eßl. Olivenöl
2 Dosen Thunfisch naturell
(je 200 g Nettogewicht)
Salz
1 Eßl. rosa Pfefferkörner, ersatzweise
1 Teel. weißer Pfeffer, frisch gemahlen
3–4 rote Chilischoten nach Belieben
1 Bund Basilikum

Zubereitungszeit: etwa 20 Minuten

1. Die Tomaten mit kochendem Wasser überbrühen, häuten und würfeln, dabei die Stielansätze und die Kerne entfernen.

2. In einer großen Pfanne das Olivenöl erhitzen. Den Thunfisch abtropfen lassen und in das Öl geben. Mit einer Gabel zerpflücken und etwa 5 Minuten bei mittlerer Hitze anbraten.

3. Die Tomaten dazugeben und mit Salz, den Pfefferkörnern oder dem gemahlenen Pfeffer und nach Belieben den Chilischoten würzen. Die Sauce bei schwacher Hitze etwa 10 Minuten garen, dabei ab und zu umrühren.

4. Das Basilikum waschen, trockenschütteln, die Blättchen in Streifen schneiden und über die fertige Sauce streuen.

Tips!
Gehen Sie mit der selbstgemachten Pasta vorsichtig um, sie bricht nämlich leicht. Frische Pasta hat nur eine ganz kurze Garzeit, lassen Sie sie nicht zu lange im Kochwasser.
Zu Pasta sollten Sie unbedingt reichlich frischen Parmesan verwenden.
Als Dessert können Sie mit Spaghetti-Eis überraschen:
Vanilleeis halbweich antauen lassen, in einen Spritzbeutel mit feiner Tülle füllen und auf Dessertschalen spritzen. Dann mit einem Klecks Himbeermarmelade servieren.

CUCINA

Es muß nicht immer Kaviar sein …

Sonntagsbrunch mit Kindern
Großes Frühstück für 10 Personen

Die Freude über eine Abendeinladung wird oft durch eine Frage getrübt: Wohin mit den Kindern?
Lösen Sie doch das Babysitterproblem, indem Sie einen Brunch veranstalten, an dem alle Kinder teilnehmen dürfen. Auf diese Weise verbringen Sie ein paar nette Stunden mit Freunden, und Kinder und Eltern haben eine Sorge weniger. Falls die Kinder noch sehr klein sind, sollten Sie sich allerdings überlegen, ob Sie für ein paar Stunden eine Betreuung organisieren können. Es gibt sicherlich eine Schülerin oder einen Schüler in Ihrer Nachbarschaft, die diese Aufgabe gerne übernehmen. Und dann brunchen Sie doch einfach los!

Ideen für die Einladungskarte

Die Einladung auf einen Zettel schreiben, diesen zu einem länglichen Röllchen zusammenrollen und in den Hals eines Luftballons stecken.

Ideen für das Buffet

Einen großen Tisch oder Tapeziertisch mit einem hübschen Tischtuch belegen. Kressekästchen auf Teller legen und mit gekochten Eiern garnieren. Mehrere Bund frisch gewaschene Radieschen oder Rettich mit Grün dekorativ auf das Buffet legen.

Außerdem

Für die Kinder eventuell einen Extratisch aufstellen mit einem bunten Kinderpapiertischtuch, Kinderpapierservietten (Schreibwarenhandel), lustigen Namensschildern, Puppengeschirr und mit Luftschlangen und Luftballons dekorieren. Ebenfalls Kressenestchen aufstellen (die Kinder dürfen die Kresse dann »ernten« und aufs Brot streuen). Eine Karaffe mit Kakao oder Saft bereitstellen.

Das gibt es
1. Quarkbrötchen
2. Schinken-Käse-Croissants
3. Krabbenrührei
4. Broccoli-Schafkäse-Salat
5. Gurken-Paprika-Quark
6. Aprikosen-Pistazien-Creme

Getränke
Champagner oder Sekt (sehr dekorativ im Sektkübel auf dem Buffet), Kaffee, Tee, Milch, Kakao, Orangensaft, Mineralwasser

Das können Sie am Vortag tun
1. Ihre Vorräte prüfen und Fehlendes entsprechend der Zutatenlisten einkaufen
2. den Champagner kalt stellen
3. die Quarkbrötchen backen (am nächsten Morgen nochmal aufbacken)
4. den Gurken-Paprika-Quark zubereiten
5. die Croissants vorbereiten (am nächsten Tag backen)
6. den Broccoli-Schafkäse-Salat zubereiten
7. die Aprikosen-Pistazien-Creme zubereiten

So lange brauchen Sie für die Zubereitung: etwa 4 ½ Stunden (davon 4 Stunden am Vortag)

Quarkbrötchen

500 g Weizenvollkornmehl
2 Teel. Backpulver
2 Teel. Salz
1 Eßl. Zucker
500 g Magerquark
2 Eier
2 Eßl. Milch
Kondensmilch zum Bestreichen
Sonnenblumenkerne, Mohn- und Sesamsamen zum Bestreuen
Fett für das Backblech

Zubereitungszeit: etwa 40 Minuten

1. In einer Rührschüssel das Mehl mit dem Backpulver, dem Salz und dem Zucker mischen. Den Magerquark, die Eier und die Milch dazugeben und alles mit den Knethaken des Handrührgerätes zu einem geschmeidigen Teig verkneten.

2. Den Backofen auf 180° vorheizen. Ein Backblech fetten.

3. Aus dem Teig etwa 15 kleine Brötchen formen und nebeneinander auf das Backblech legen. Mit Kondensmilch bepinseln und abwechselnd mit Sonnenblumenkernen, Mohn- und Sesamsamen bestreuen. Die Brötchen im Backofen (Mitte) in etwa 30 Minuten backen, bis sie gebräunt sind.

Schinken-Käse-Croissants

Zutaten für 24 Stück:
12 Platten tiefgefrorener Blätterteig, aufgetaut (1 kg)
300 g gekochter Schinken
500 g Doppelrahm-Frischkäse
300 ml Milch
Salz
schwarzer Pfeffer, frisch gemahlen
4 Eigelb

Zubereitungszeit: etwa 1 ½ Stunden

1. Die Blätterteigplatten zu Quadraten ausrollen. Jede Platte diagonal in Dreiecke schneiden.

2. Den Schinken fein würfeln. Den Frischkäse mit der Hälfte der Milch cremig rühren, den Schinken untermischen und die Creme mit Salz und Pfeffer würzen.

3. Ein Backblech kalt abspülen. Die Hälfte der Blätterteigdreiecke gleichmäßig mit der Schinken-Käse-Mischung bestreichen, von der Breitseite her aufrollen und in Hörnchenform auf das Blech legen. Dann etwa 20 Minuten ruhen lassen.

4. Den Backofen auf 200° vorheizen.

5. Die Eigelbe mit der restlichen Milch verrühren, die Croissants damit bepinseln und im Backofen (Mitte) in etwa 30 Minuten goldbraun backen. Die zweite Portion Blätterteigdreiecke ebenso bestreichen, formen und backen.

Krabbenrührei

20 Eier
½ l Milch
500 g gegarte Krabben
Salz
schwarzer Pfeffer, frisch gemahlen
4 Eßl. Butter
2 Bund Dill

Zubereitungszeit: etwa 20 Minuten

1. Die Eier in einer großen Schüssel mit der Milch, den Krabben, Salz und Pfeffer gründlich verquirlen.

2. In einer Pfanne etwas von der Butter zerlassen und die Rühreier darin portionsweise braten. Warmstellen, bis alle Rühreier fertig sind.

3. Den Dill waschen, trockenschütteln und ohne die groben Stiele fein hacken. Über die fertigen Rühreier streuen.

Broccoli-Schafkäse-Salat

1 kg Broccoliröschen (die Stiele für ein anderes Gericht verwenden)
Salz
⅛ l Olivenöl
Saft von 1 Zitrone
schwarzer Pfeffer, frisch gemahlen
300 g Schafkäse
200 g gehobelte Mandeln

Zubereitungszeit: etwa 20 Minuten

1. Die Broccoliröschen waschen und in reichlich kochendem Salzwasser in 5–10 Minuten bißfest garen. Abschütten, abschrecken und abtropfen lassen.

2. Für die Marinade das Öl mit dem Zitronensaft, Salz und Pfeffer verrühren. Den Broccoli dazugeben und gut untermischen. Den Schafkäse darüber bröckeln.

3. Kurz vor dem Servieren die Mandeln in einer trockenen Pfanne bei mittlerer Hitze unter Rühren anrösten, dann über den Salat streuen.

Damit wird das Frühstück zum Genuß: Quarkbrötchen und Schinken-Käse-Croissants (Mitte), Krabbenrührei (vorne), Broccoli-Schafkäse-Salat (oben), frisch gepreßter Saft und vieles mehr.

Gurken-Paprika-Quark

1 kg Sahnequark
1/4 l Milch
2 Gurken
3 rote Paprikaschoten
Salz
schwarzer Pfeffer, frisch gemahlen
1 Bund Schnittlauch

Zubereitungszeit: etwa 30 Minuten

1. Den Quark mit der Milch verrühren.

2. Die Gurken schälen und fein würfeln. Die Paprikaschoten waschen, putzen und würfeln. Beides unter den Quark mischen. Mit Salz und Pfeffer würzen. Den Schnittlauch waschen, trockenschütteln und in Röllchen schneiden. Über den Quark streuen oder unterrühren.

Tip!
Zum Brunch können Sie zusätzlich noch frisches Baguette oder Vollkornbrot, verschiedene Brotaufstriche, wie selbstgemachte oder gekaufte Marmelade, Schinken und eventuell auch Lachs und Kaviar reichen. Außerdem Müsli und für die Kinder verschiedene Sorten Cornflakes anbieten.

Aprikosen-Pistazien-Creme

8 Blatt weiße Gelatine
2 Dosen Aprikosen (je 850 g Nettogewicht)
4 Eigelb
200 g Zucker
2 Päckchen Vanillinzucker
4 Eßl. Zitronensaft
500 g Sahne
3 Eßl. gehackte Pistazien
Zitronenmelisse zum Garnieren

Zubereitungszeit: etwa 1 Stunde
Kühlzeit: über Nacht

1. Die Gelatine in kaltem Wasser etwa 10 Minuten einweichen.

2. Von den Aprikosen 4 Hälften zum Dekorieren beiseite legen, die übrigen Früchte mit dem Saft pürieren.

3. Die Gelatine in einem kleinen Topf bei schwacher Hitze unter Rühren auflösen. Nach und nach unter das Aprikosenpüree mischen. Die Masse etwa 30 Minuten kalt stellen, bis sie anfängt, zu gelieren.

4. Inzwischen die Eigelbe mit dem Zucker und dem Vanillinzucker schaumig schlagen. Den Zitronensaft unterrühren.

5. Die Sahne steif schlagen. Die Eigelbcreme und die Sahne unter das Aprikosenpüree heben. Die Creme in eine große Schüssel füllen und über Nacht kalt stellen.

6. Am nächsten Tag die übrigen Aprikosen in Spalten schneiden und auf der Creme anrichten. Mit den Pistazien bestreuen und mit Zitronenmelisse garnieren.

Spontanfete

Kleines Treffen für 6 Personen
Wenn Sie kurz entschlossen ein paar Freunde, vielleicht nach einem Kino- oder Theaterabend, oder ein paar Kollegen nach Büroschluß zu sich nach Hause einladen möchten, können Sie entweder den Sturm auf den Kühlschrank freigeben (wenn zum Schluß sogar das Gurkenwasser ausgetrunken wird, dann wissen Sie, daß Ihr Spontanfest ein Erfolg war), oder Sie zaubern ganz einfach etwas aus dem, was Sie im Vorrat haben.
Es ist aber durchaus auch möglich, daß Sie bereits mittags Lust haben, den Abend mit ein paar Freunden, Kollegen oder Bekannten zu verbringen. In diesem Fall haben Sie immerhin noch Zeit, etwas zu besorgen, das sich zu Hause blitzschnell zubereiten läßt.

Spontanfete ohne Zeit zum Vorbereiten

Das können Sie zaubern
1. Überbackene Toastecken
2. Nudelsalat mit Gurken und Erbsen
3. Obstsalat mit Vanilleeis

Getränke
Bieten Sie das an, was Sie im Haus haben

So lange brauchen Sie für die Zubereitung: etwa 1¼ Stunden

Überbackene Toastecken

12 Scheiben Toastbrot
Butter
12 Scheiben gekochter Schinken (oder Salami, Aufschnitt, Fleischwurst)
6 Tomaten · 1 Gurke
12 Scheiben Schnittkäse (oder Mozzarella, Emmentaler oder Parmesan, frisch gerieben)
1 Bund Petersilie

Zubereitungszeit: etwa 20 Minuten

1. Den Backofen auf 180° vorheizen.

2. Die Toastscheiben toasten, etwas abkühlen lassen und mit Butter bestreichen. Mit dem Schinken belegen.

3. Die Tomaten waschen und in Scheiben schneiden, die Gurke schälen und ebenfalls in Scheiben schneiden. Beides auf den Toastbroten verteilen, mit den Käsescheiben belegen.

4. Die Toastbrote in Dreiecke schneiden und auf ein Backblech legen. Im Backofen (Mitte) 10–15 Minuten überbacken, bis der Käse leicht gebräunt ist.

5. Die Petersilie waschen, trockenschütteln und fein hacken. Die Toaste damit bestreuen.

Tip!
Sie können die Toaste auch mit Thunfisch aus der Dose, hartgekochten Eiern oder beliebigem Gemüse, wie zum Beispiel Paprika belegen. Gut schmecken auch Ananasscheiben zwischen den Schinken- und Käsescheiben oder Pfirsichhälften aus der Dose.

Nudelsalat mit Erbsen und Gurken

Salz
500 g Hörnchennudeln (oder andere Nudeln)
250 g saure Sahne (oder Mayonnaise, Joghurt oder Crème fraîche)
1 Dose Erbsen (280 g Nettogewicht)
1 Dose Mais (285 g Nettogewicht)
6 Gewürzgurken
6 Wiener Würstchen (oder Fleischwurst, Kabanossi, Schinkenreste)
3 Eßl. Essig
schwarzer Pfeffer, frisch gemahlen
1 Bund Schnittlauch

Zubereitungszeit: etwa 30 Minuten

1. Die Nudeln in kochendem Salzwasser 8–10 Minuten al dente (bißfest) kochen. Dann kalt abschrecken und abtropfen lassen.

2. Die Nudeln mit der sauren Sahne mischen. Die Erbsen und den Mais abtropfen lassen und dazugeben.

3. Die Gewürzgurken und die Würstchen fein würfeln und mit dem Essig unter den Salat mischen. Mit Salz und Pfeffer würzen. Den Schnittlauch waschen, in feine Röllchen schneiden und darüber streuen.

Tip!
Statt Erbsen und Mais schmecken Kidney beans, blanchierte Sojasprossen und Tomaten.

Obstsalat mit Vanilleeis

1–2 kg Obst (zum Beispiel Äpfel, Bananen, Birnen, Kiwis und Weintrauben)
Saft von 1 Zitrone
¼ l Apfelsaft
Zucker nach Belieben
300 g Vanilleeis (oder Sahne)

Zubereitungszeit: etwa 20 Minuten

1. Das Obst waschen oder schälen und in kleine Stücke schneiden.Dann mit dem Zitronensaft beträufeln.

2. Den Apfelsaft dazugießen und den Salat nach Belieben mit Zucker süßen. Den Obstsalat mit jeweils 1 Kugel Vanilleeis (oder Sahne) servieren.
Oder Sie servieren geschlagene Sahne dazu, die Sie mit 1 Cocktailkirsche garnieren.

Budweiser
burda
MODEN

Spontanfete

Spontanfete mit etwas Zeit zum Einkaufen

Das gibt es
1. Angemachter Camembert
2. Weißkohlsalat mit Ananas
3. Pfannkuchenturm

So lange brauchen Sie für die Zubereitung: etwa 1 Stunde

Angemachter Camembert

300 g reifer Camembert
3–4 Eßl. Sahne
1 Zwiebel
Salz
Pfeffer, frisch gemahlen
Paprikapulver, edelsüß

Zubereitungszeit: etwa 10 Minuten

1. Den Camembert würfeln, dann in eine weite Schüssel geben und mit einer Gabel zerdrücken. Die Sahne dazugeben und mit dem Käse zu einer geschmeidigen Masse verrühren, dabei eventuell noch etwas mehr Sahne dazugeben.

2. Die Zwiebel schälen und fein hacken. Unter den Käse mischen und diesen mit Salz, Pfeffer und Paprikapulver würzen. Dazu passen frisches Bauernbrot und Salzstangen.

Weißkohlsalat mit Ananas

½ Kopf Weißkohl
1 große Dose Ananas in Stücken (340 g Nettogewicht)
⅛ l Sonnenblumenöl
3 Eßl. Obstessig
Salz
Pfeffer, frisch gemahlen
1 Eßl. Kümmelkörner

Zubereitungszeit: etwa 20 Minuten

1. Den Weißkohl vom Strunk und den äußeren welken Blättern befreien, die Hälfte nochmals längs durchschneiden und in feine Streifen schneiden. Dann in eine große Schüssel geben.

2. Die Ananasstücke in ein Sieb gießen, den Saft auffangen. Die Stücke unter den Weißkohl mischen.

3. In einer kleinen Schüssel das Öl mit 5 Eßlöffeln Ananassaft und dem Obstessig verrühren und mit Salz, Pfeffer und dem Kümmel würzen.

4. Die Sauce über den Salat gießen, gut durchmischen und möglichst vor dem Servieren einige Zeit durchziehen lassen.

Pfannkuchenturm

300 g Mehl
½ l Milch
2 Eier
1 Prise Salz
etwa 50 g Butter zum Backen
Sahne oder Marmelade (oder auch Nuß-Nougat-Creme) zum Füllen
Puderzucker zum Bestäuben

Zubereitungszeit: etwa 30 Minuten

1. Das Mehl in einer Schüssel mit der Milch, den Eiern und dem Salz mit den Schneebesen des Handrührgerätes zu einem glatten Teig verrühren und etwa 10 Minuten ruhen lassen.

2. In einer beschichteten Pfanne etwas Butter zerlassen, 1 Suppenkelle Teig in die Pfanne geben und durch Schwenken verteilen. Den Pfannkuchen in 2–4 Minuten von beiden Seiten bei mittlerer Hitze goldgelb backen. Auf diese Weise nach und nach 6 Pfannkuchen backen.

3. Jeweils 1 Pfannkuchen mit Sahne, Marmelade oder Nuß-Nougat-Creme bestreichen. Einen anderen Pfannkuchen darüber legen und mit Puderzucker bestäuben. Die gefüllten Pfannkuchen in Stücke schneiden und servieren.

Tip!
Die Pfannkuchen schmecken auch mit Eis gefüllt köstlich.

Wiedersehensfest nach dem Urlaub für 8 Personen (am Tisch)

Urlaub, Erholung, Sonne, Strand und gutes Essen – so wünscht man sich die Ferien. Und zu Hause angekommen, möchten Sie ein bißchen Urlaubsstimmung noch einmal aufleben lassen, Ihre Freunde sind gespannt auf Ihre Erlebnisse – laden Sie doch zum Wiedersehensfest ein. Dazu können Sie Ihre Gäste auch bitten, jeweils etwas Typisches aus ihrem Ferienland mitzubringen – oder Sie gestalten den Abend selbst. Angenommen, Sie waren in Frankreich: bon appetit!

Ideen für die Einladungskarte

Vervielfältigen Sie ein schönes Urlaubsfoto, und verschicken Sie es als Postkarte.
Oder etwas Sand vom Strand und kleine Muscheln auf eine Briefkarte kleben und im Briefumschlag verschicken.
Oder getrockneten Lavendel mit französischem Stoff zusammenbinden und ein Kärtchen daran befestigen.

Ideen für den Tisch

Weiße Tischdecke oder weißes Bettlaken mit Muscheln, Sand, Steinen und Gras (gibts auch im Gartengeschäft) dekorieren, Kerzen und Servietten in den Farben der französischen Flagge (blau, weiß und rot) verwenden.

Oder den Tisch mit Papier belegen, ganz mit Sand bedecken und mit Muscheln und anderen Urlaubsmitbringseln garnieren.
Gut geeignet als Dekoration sind auch verschiedene getrocknete Blüten und Essig- und Ölsorten, die es in der Provence auf jedem Markt zu kaufen gibt.

Außerdem

Mit einem Diaprojektor eine schöne Landschaftsaufnahme (oder mehrere im Wechsel) an die Wand strahlen.
Musik: französische Chansons

Das gibt es

1. Salade niçoise
2. Fischsuppe mit Rouille
3. Pommes dauphinoises
4. Tarte au citron

Getränke

Trockenen Rosé (zum Beispiel Côtes de Provence rosé) oder einen ganz trockenen, leichten Weißwein (zum Beispiel Bourgogne aligoté oder Côtes de Provence blanc)

Das können Sie am Vortag tun

1. Ihre Vorräte prüfen und Fehlendes entsprechend der Zutatenlisten einkaufen
2. die Fischsuppe kochen
3. die Rouille zubereiten
4. die Tarte au citron zubereiten
5. die Getränke kühl stellen

So lange brauchen Sie für die Zubereitung: etwa 5 Stunden (davon 3 am Vortag)

Salade niçoise

Für den Salat:
2 Knoblauchzehen
1 Kopfsalat
4 Eier
1 Gurke
8 Tomaten
2 grüne Paprikaschoten
4 Stangen Staudensellerie
2 Zwiebeln
6 Artischockenherzen (aus dem Glas)
1 Dose Thunfisch naturell
(200 g Nettogewicht)
50 g schwarze Oliven
8 Anchovisfilets (aus dem Glas)
Für die Sauce:
1 Bund Basilikum
4 Eßl. Weißweinessig
⅛ l Olivenöl
Salz
schwarzer Pfeffer, frisch gemahlen

Zubereitungszeit: etwa 30 Minuten

1. Die Knoblauchzehen schälen und halbieren. Die Innenwände einer großen Salatschüssel mit den Schnittflächen ausreiben.

2. Den Kopfsalat in einzelne Blätter zerlegen, waschen, abtropfen lassen und die Schüssel damit auslegen.

3. Die Eier in etwa 10 Minuten hartkochen, abschrecken, schälen und vierteln.

4. Die Gurke schälen und in Scheiben schneiden. Die Tomaten waschen und vierteln. Die Paprikaschoten und den Sellerie waschen, putzen und in feine Streifen schneiden. Die Zwiebeln schälen und in dünne Ringe schneiden. Die Artischocken und den Thunfisch abtropfen lassen. Den Thunfisch zerplücken, mit den übrigen Zutaten und den Oliven mischen.

5. Für die Sauce das Basilikum waschen, trockenschütteln und ohne die groben Stiele fein hacken. Mit dem Essig, dem Olivenöl, Salz und Pfeffer verrühren und über die Thunfischmischung gießen. Alles gut durchmischen.

6. Den Salat auf die Salatblätter füllen, mit den Eivierteln und den Anchovisfilets garnieren und servieren.

Fischsuppe mit Rouille

Für die Fischsuppe:
500 g Fischfilets (zum Beispiel Kabeljau, Seelachs, Scholle)
Saft von 1 Zitrone
Salz
Pfeffer, frisch gemahlen
1 Bund Suppengrün
1 Zwiebel
2 Knoblauchzehen
2 l selbstgekochte Fischbrühe oder
1 l Fischfond (aus dem Glas)
1 Eßl. Olivenöl
Für die Rouille:
1 Eigelb
etwa 200 ml Olivenöl
2 getrocknete Chilischoten
1 Teel. Paprikapulver, edelsüß
1 Döschen gemahlener Safran
Salz
Pfeffer, frisch gemahlen
Außerdem:
24 kleine Scheiben altbackenes französisches Weißbrot
4 Knoblauchzehen
etwa 4 Eßl. Gouda, frisch gerieben

Zubereitungszeit: etwa 1 Stunde

1. Die Fischfilets abspülen, trockentupfen, würfeln, mit etwas Zitronensaft beträufeln, salzen und pfeffern.

2. Das Suppengrün waschen, putzen und kleinschneiden. Die Zwiebel und die Knoblauchzehen schälen und fein hacken.

3. Die Fischbrühe in einem Topf aufkochen. Oder den Fischfond mit 1 l Wasser mischen und zum Kochen bringen.

4. Das Öl erhitzen und die Zwiebel- und Knoblauchwürfel darin glasig dünsten. Das Suppengrün kurz mitbraten.

5. Die Gemüsemischung mit den Fischwürfeln in den kochenden Fischsud geben und bei mittlerer Hitze in etwa 20 Minuten zugedeckt garen.

6. Die Fischsuppe pürieren, dann durch ein Sieb streichen. Mit dem restlichen Zitronensaft, Salz und Pfeffer würzen. Die Suppe zugedeckt warm halten.

7. Für die Rouille das Eigelb im Mixer verrühren, dann das Olivenöl in dünnem Strahl langsam dazugießen, so daß eine cremige Mayonnaise entsteht.

8. Die Chilischoten fein würfeln und mit dem Paprikapulver, dem Safran, Salz und Pfeffer unter die Rouille rühren.

9. Die Weißbrotscheiben in einer trockenen Pfanne bei mittlerer Hitze oder im Toaster von beiden Seiten anrösten. Die Knoblauchzehen schälen und halbieren. Die Weißbrotscheiben mit den Schnittflächen des Knoblauchs einreiben.

10. Die heiße Fischsuppe auf Teller verteilen, jeweils 3 Brotscheiben darauf legen und mit dem Gouda bestreuen. Die Rouille in einer Schüssel dazu reichen.

Tip!
Wenn Sie selbst einmal nach Südfrankreich kommen, fragen Sie auf dem Markt nach »Rouille de St.Tropez«, der Original-Gewürzmischung für die Sauce zur Soupe de poissons.

Louis

Pommes dauphinoises

3 Knoblauchzehen
2 kg festkochende Kartoffeln
Salz
schwarzer Pfeffer, frisch gemahlen
½ l Milch
250 g Sahne
4 Eier
Muskatnuß, frisch gerieben
400 g Emmentaler, frisch gerieben

Zubereitungszeit: etwa 1 ½ Stunden (davon 1 Stunde Garzeit)

1. Die Knoblauchzehen schälen und halbieren. Eine große Auflaufform gründlich damit ausreiben, dann den Knoblauch fein hacken.

2. Die Kartoffeln schälen, mit dem Gurkenhobel in dünne Scheiben schneiden, salzen und pfeffern.

3. Die Milch, die Sahne und die Eier verquirlen, mit Salz, Pfeffer, Muskat und dem gehackten Knoblauch würzen. Den Käse untermischen.

4. Den Backofen auf 180° vorheizen.

5. Die Kartoffeln dachziegelartig in die Form schichten, noch einmal mit Salz und Pfeffer bestreuen und die Eiermilch darüber gießen.

6. Das Gratin im Backofen (Mitte) etwa 1 Stunde backen, bis die Kartoffeln gar sind und die Oberfläche goldbraun ist. Falls die Oberfläche zu schnell bräunt, mit Alufolie abdecken.

Tarte au citron

Zutaten für eine Tarteform von 30 cm ø:
Für den Teig:
300 g Mehl
5 Eßl. Puderzucker
1 Prise Salz
2 Eigelb
200 g kalte Butter
etwa 3 Eßl. Wasser
Für den Belag:
2 unbehandelte Zitronen
Saft von 1 Zitrone
2 Eier
3 Eßl. Zucker
250 g Sahnequark
125 g Sahne
Zitronenmelisseblättchen
etwas Mehl zum Ausrollen
Fett für die Form

Zubereitungszeit: etwa 2 Stunden (davon 1 ½ Stunden Kühlzeit)

1. Das Mehl mit dem Puderzucker, dem Salz, den Eigelben, der gewürfelten Butter und dem Wasser zu einem geschmeidigen Teig verkneten. Den Teig zu einer Kugel formen und zugedeckt etwa 1 ½ Stunden kühl stellen.

2. Die Schale der Zitronen dünn abschälen, dann die Zitronen in hauchdünne Scheiben schneiden. Die Kerne entfernen.

3. Den Zitronensaft mit den Eiern und dem Zucker schaumig rühren, dann den Quark und die Sahne untermischen.

4. Die Form ausfetten. Den Teig auf einer bemehlten Arbeitsfläche etwas größer als die Form ausrollen. In die Form legen und den Rand glattschneiden. Den Teig mit einer Gabel mehrmals einstechen. Den Backofen auf 220° vorheizen.

5. Die Quarkmischung auf dem Teig verteilen, dann die Zitronenscheiben kreisförmig darauf legen.

6. Die Tarte in den Backofen (Mitte) stellen und etwa 30 Minuten goldgelb backen. Nach Wunsch mit Zitronenmelisse garnieren.

Fest mit wenig Aufwand für 8 Personen

Umziehen, das bedeutet meistens viel Arbeit und ein Leben aus Kisten – zumindest für einige Tage. In der Küche ist nicht mehr allzuviel los, denn die meisten Töpfe sind schon verpackt. Aber auch mit wenig Aufwand können Sie am Abend vor dem geplanten Umzug oder am Umzugstag selbst noch eine Superfete veranstalten – wenn auch etwas improvisiert und nicht ganz perfekt. Ein scharfes Gericht aus einem Topf und ein himmlisches Dessert – damit hinterlassen Sie sicherlich einen bleibenden Eindruck.

Ideen für die Einladungskarte

Zerschneiden Sie ein Stück vom Umzugskarton in Kartengröße, und schreiben Sie die Einladung darauf. Oder Sie kopieren den Teil, der beschriftet wird, verkleinern ihn mit dem Kopiergerät und schicken ihn mit den Daten versehen an Ihre Freunde.

Ideen für die Dekoration

Suchen Sie einfach alles zusammen, was Sie noch nicht verpackt haben. Vielleicht finden Sie noch eine Tischdecke, ein Bettlaken oder ein paar saubere Geschirrtücher, ein paar Kerzen oder Teelichter. Wenn die Stühle schon nicht mehr da sind, Kissen oder die Kisten tun's auch. Wichtig sind Musik und gute Laune.

Das gibt es

1. Chili con carne oder
   Erbseneintopf oder
   Linsen-Tomaten-Eintopf
2. Russischer Quark

Getränke

Rotwein (zum Beispiel Côtes du Rhône Villages oder Barbaresco) und Mineralwasser (wenn der Kühlschrank noch in Betrieb ist, auch Sekt oder Bier)

Das können Sie am Vortag tun

1. Ihre Vorräte prüfen und Fehlendes entsprechend der Zutatenlisten einkaufen

2. die Suppe zubereiten (bereits 2 Tage vorher die Hülsenfrüchte einweichen)

3. den Quark zubereiten

So lange brauchen Sie für die Zubereitung: etwa 2 Stunden (eventuell plus Einweichzeit für die Hülsenfrüchte über Nacht)

Chili con carne

3 Zwiebeln
3 Knoblauchzehen
2 rote Paprikaschoten
8 Scheiben durchwachsener Räucherspeck (etwa 300 g)
2 Eßl. Sonnenblumenöl
800 g Rinderhackfleisch
Salz
schwarzer Pfeffer, frisch gemahlen
1 ½ l Fleischbrühe
800 g Kidney Beans (aus der Dose)
800 g geschälte Tomaten (aus der Dose)
2 Eßl. Chilipulver
4 getrocknete rote Chilischoten nach Belieben
500 g saure Sahne

Zubereitungszeit: etwa 1 Stunde

1. Die Zwiebeln und den Knoblauch schälen und fein hacken. Die Paprikaschoten putzen, waschen und in Streifen schneiden. Den Speck fein würfeln.

2. Das Öl in einem großen Topf erhitzen. Die Zwiebeln und den Knoblauch darin glasig werden lassen. Dann das Hackfleisch dazugeben und bei starker Hitze von allen Seiten in 5–10 Minuten gut anbraten. Mit Salz und Pfeffer würzen.

3. Den Speck mit den Paprikastreifen dazugeben und kurz mitbraten.

4. Die Fleischbrühe und die Kidney Beans dazugeben. Dann die Tomaten ebenfalls dazugeben und mit einer Gabel zerdrücken. Das Chili con carne mit dem Chilipulver und nach Belieben den Chilischoten (Achtung, sie sind sehr scharf!) würzen. Abschmecken und eventuell noch mit Salz, Pfeffer und Chilipulver nachwürzen.

5. Das Chili bei schwacher Hitze zugedeckt etwa 30 Minuten garen, dabei häufig umrühren.

6. Das Chili im Suppentopf servieren. Die saure Sahne in eine Schüssel füllen oder im Becher dazu reichen. Jeder Gast kann sich einen Klecks davon auf seinen Teller mit Chili setzen.

7. Zum Chili schmeckt frisches Baguette, Vollkornbrot oder Brötchen.

Erbseneintopf

500 g getrocknete Palerbsen
300 g Schweinebauch
2 Bund Suppengrün
Salz
schwarzer Pfeffer, frisch gemahlen
je 1 Teel. getrockneter Thymian und Majoran

Zubereitungszeit: etwa 1 ½ Stunden (plus Einweichzeit über Nacht)

1. In einem großen Topf die Erbsen in 1 ½ l Wasser über Nacht einweichen.

2. Am nächsten Tag den Schweinebauch zu den Erbsen in den Topf geben und alles im Einweichwasser zum Kochen bringen.

3. Das Suppengrün waschen, putzen, kleinschneiden und in den Eintopf geben. Mit Salz, Pfeffer, dem Thymian und dem Majoran würzen.

4. Den Eintopf zugedeckt bei schwacher Hitze etwa 1 Stunde kochen, dann abschmecken und eventuell nachwürzen. Das Fleisch herausnehmen und würfeln. Den Eintopf nach Wunsch pürieren, das Fleisch untermischen.

Linsen-Tomaten-Eintopf

500 g Linsen
2 Zwiebeln
3 Möhren
4 Stangen Staudensellerie
1 Bund Suppengrün
1 Eßl. Butter
250 g geräucherter Schweinebauch
400 g geschälte Tomaten (aus der Dose)
Salz
schwarzer Pfeffer, frisch gemahlen
1 Eßl. Kräuter der Provence
5 Eßl. Balsamessig (Aceto balsamico)
250 g Fusilli (gedrehte Nudeln)

Zubereitungszeit: etwa 1 ¼ Stunden (plus Einweichzeit über Nacht)

1. Die Linsen in einem großen Topf in 2 l Wasser über Nacht einweichen.

2. Die Linsen im Einweichwasser aufkochen und bei schwacher Hitze zugedeckt etwa 30 Minuten garen.

3. Inzwischen die Zwiebeln und die Möhren schälen und würfeln. Den Staudensellerie waschen und in dünne Scheiben schneiden. Das Suppengrün waschen, putzen und kleinschneiden.

4. Die Butter in einer Pfanne zerlassen, die Zwiebelwürfel darin bei mittlerer Hitze glasig werden lassen. Den Schweinebauch dazugeben und von allen Seiten anbraten. Dann die Möhren und den Staudensellerie dazugeben und alles etwa 5 Minuten anbraten. Den Pfanneninhalt mit dem Suppengrün zu den Linsen geben.

5. Die Tomaten ebenfalls unterrühren und alles mit Salz, Pfeffer, den Kräutern der Provence und dem Balsamessig würzen.

6. Die Linsensuppe zugedeckt weitere 20 Minuten bei mittlerer Hitze garen, dabei ab und zu umrühren. Dann die Nudeln dazugeben (falls die Suppe zu dick ist, noch etwas Wasser dazugießen) und in 10–15 Minuten fertiggaren. Noch einmal abschmecken und eventuell nachwürzen. Den Schweinebauch herausnehmen, würfeln und wieder untermischen.

Russischer Quark

750 g Sahnequark
5 Eigelb
250 g Sahne
1 Päckchen Vanillinzucker
1 Prise Salz
300 g gehackte Mandeln
150 g weiche Butter
150 g Zucker
30 g gewürfeltes Zitronat
3 Eßl. Rum nach Belieben

Zubereitungszeit: etwa 2 ½ Stunden (davon 2 Stunden Kühlzeit)

1. Den Quark mit den Eigelben verrühren, die Sahne halbsteif schlagen und unterheben.

2. Den Vanillinzucker, das Salz und die gehackten Mandeln dazugeben und gut untermischen.

3. Die weiche Butter mit dem Zucker in einer anderen Schüssel schaumig rühren und das Zitronat dazugeben.

4. Die Buttermischung unter den Quark mischen und nach Belieben den Rum unterrühren. Den Quark bis zum Servieren mindestens 2 Stunden kalt stellen.

Tip!
Wer möchte, kann den Quark mit kandierten oder frischen Früchten garnieren.

Antipasti per favore

Vorspeisenbuffet für 15 Personen
Gehören Sie auch zu den Leuten, die oft schon bei den Vorspeisen so wenig widerstehen können, daß Sie auf den Hauptgang eigentlich verzichten könnten?
Dann laden Sie doch einfach einmal nur zu Vorspeisen ein! Der Erfolg ist Ihnen garantiert. Lassen Sie sich nicht durch die lange Zubereitungszeit abschrecken: Sie können in Ruhe schon einige Tage vorher damit anfangen und haben am Festtag fast nichts mehr zu tun.

Ideen für die Einladungskarte
Aus Zeitungspapier, Illustrierten oder sonstigem bunten Papier zwei Sektgläser ausschneiden und auf eine weiße Briefkarte kleben: »Ich möchte mit Dir(Ihnen) anstoßen...« (je nach Anlaß).
Oder Grissini (gibts im italienischen Feinkostladen) mit einem Kärtchen verschicken.

Ideen für das Buffet
Einen Tapeziertisch aufstellen, mit umgedrehten Kochtöpfen oder Bücherstapeln (aus schweren Büchern, damit sie nicht verrutschen) verschiedene Ebenen (Podeste) bauen, über alles eine große weiße Tischdecke oder ein Bettuch breiten.
Oder den Tisch mit Spiegelfliesen (gibts im Baumarkt) belegen.
Messer, Gabel und eine farbige Serviette jeweils mit einem Band zusammenbinden, so kann sich jeder Gast sein Besteck mit einem Griff nehmen.

Außerdem
Die Wohnung mit vielen Blumen dekorieren, vielleicht in italienischen Farben: grün, weiß, rot.

Das gibt es
1. Fleischbällchen mit Paprikasauce
2. Orangen-Zwiebel-Salat
3. Zucchini mit Pinienkernen
4. Auberginen-Quark-Röllchen
5. Eingelegte Champignons
6. Weiße Bohnensalat mit Thunfisch
7. Bruschetta
8. Blutorangenparfait mit Mandeln
9. fertig gekaufte Köstlichkeiten wie verschiedene Olivensorten, Mortadella, Salami und auf jeden Fall jede Menge Baguette

Getränke
Prosecco, Weißwein (zum Beispiel Galestro) und Mineralwasser, Espresso oder Kaffee

Das können Sie am Vortag tun
1. Ihre Vorräte überprüfen und Fehlendes entsprechend der Zutatenliste einkaufen
2. alle Vorspeisen bis auf den Orangen-Zwiebel-Salat und die Bruschetta zubereiten und kalt stellen
3. die Getränke kühl stellen

So lange brauchen Sie für die Zubereitung: etwa 5½ Stunden (davon 4½ am Vortag)

Fleischbällchen mit Paprikasauce

1 kg gemischtes Hackfleisch
5 Eßl. Semmelbrösel
6 Knoblauchzehen
6 Eigelb
Salz
schwarzer Pfeffer, frisch gemahlen
3 Zwiebeln
6 rote Paprikaschoten
etwa ⅛ l Olivenöl
9 Eßl. Tomatenpüree
150 g Mehl
1 Spritzer Tabasco

Zubereitungszeit: etwa 1 Stunde

1. Das Hackfleisch mit den Semmelbröseln in einer Schüssel verkneten.

2. Den Knoblauch schälen und durch die Presse dazudrücken. Die Eigelbe untermischen und den Fleischteig mit Salz und Pfeffer würzen.

3. Für die Sauce die Zwiebeln schälen und fein hacken. Die Paprikaschoten waschen, vierteln, von den Trennwänden und Kernen befreien und klein würfeln.

4. Etwas von dem Olivenöl in einer großen Pfanne erhitzen und die Zwiebeln darin andünsten. Die Paprikawürfel und das Tomatenpüree dazugeben und die Sauce bei mittlerer Hitze unter gelegentlichem Rühren etwa 10 Minuten garen.

5. Inzwischen aus dem Fleischteig tischtennisballgroße Klößchen formen. Das Mehl in einen Teller geben und die Klößchen darin wenden.

6. Wieder etwas von dem Olivenöl in einer Pfanne erhitzen und die Klößchen portionsweise darin von allen Seiten etwa 8 Minuten braten. Dabei jeweils nach Bedarf Öl dazugeben. Die Fleischbällchen auf Küchenpapier abfetten lassen.

7. Die Sauce salzen, pfeffern und mit dem Tabasco würzen. Die Fleischbällchen hineinlegen.

Zucchini mit Pinienkernen

1 kg Zucchini
5 Knoblauchzehen
⅛ l Olivenöl
4–5 Eßl. Weißweinessig
3 Teel. Kräuter der Provence
Salz
schwarzer Pfeffer, frisch gemahlen
100 g Pinienkerne

Zubereitungszeit: etwa 1 ¾ Stunden (davon 1 Stunde Zeit zum Durchziehen)

1. Die Zucchini waschen, von den Stiel- und Blütenansätzen befreien und quer in dünne Scheiben schneiden. Die Knoblauchzehen schälen und durch die Presse drücken.

2. In einer Pfanne etwas von dem Olivenöl erhitzen. Die Zucchini portionsweise im heißen Öl von beiden Seiten 5–8 Minuten braten, dabei immer wieder etwas von dem Öl nachgießen. Zum Schluß jeweils etwas Knoblauch untermischen und kurz mitbraten.

3. Die Zucchini aus der Pfanne nehmen und in eine Schüssel geben. Aus dem restlichen Olivenöl, dem Weißweinessig, den Kräutern der Provence, Salz und Pfeffer eine Marinade rühren und über die Zucchini gießen.

4. Die Pinienkerne über die Zucchini streuen und das Gemüse mindestens 1 Stunde durchziehen lassen.
Vor dem Servieren noch einmal abschmecken und eventuell nachwürzen.

Orangen-Zwiebel-Salat

10 Orangen
10 Gemüsezwiebeln
3 Eßl. Weißweinessig
⅛ l Sonnenblumenöl
Salz
schwarzer Pfeffer, frisch gemahlen

Zubereitungszeit: etwa 30 Minuten

1. Die Orangen schälen, von der weißen Haut befreien und quer in dünne Scheiben schneiden. Die Zwiebeln schälen und in dünne Ringe schneiden.

2. Aus dem Essig, dem Öl, Salz und Pfeffer eine Marinade rühren. Den Salat in eine Schüssel geben und die Marinade darüber gießen. Bis zum Servieren kalt stellen, dann eventuell noch einmal abschmecken.

Bild oben:
Fleischbällchen mit Paprikasauce
Bild unten:
Zucchini mit Pinienkernen (links), Orangen-Zwiebel-Salat (rechts)

Eingelegte Champignons

1,5 kg kleine Champignons
Salz
3 Eßl. Weißweinessig
Saft von 1 Zitrone
⅛ l Olivenöl
schwarzer Pfeffer, frisch gemahlen
3 Knoblauchzehen
2 Bund Petersilie

Zubereitungszeit: etwa 1 ½ Stunden (davon 1 Stunde Zeit zum Durchziehen)

1. Die Champignons kurz abspülen oder mit Küchenpapier abreiben, putzen und in Viertel schneiden.

2. In einem Topf Salzwasser zum Kochen bringen. Den Essig dazugeben und die Champignons darin 2–5 Minuten garen, bis sie bißfest sind. Dann in ein Sieb abschütten und abtropfen lassen.

3. In einer kleinen Schüssel eine Marinade aus dem Zitronensaft, dem Olivenöl, Salz und Pfeffer rühren. Den Knoblauch schälen und durch die Presse dazudrücken.

4. Die Champignons in eine Schüssel geben, die Marinade darüber gießen und alles gut mischen. Die Petersilie waschen, trockenschütteln und ohne die groben Stiele fein hacken. Unter die Champignons mischen und diese zugedeckt mindestens 1 Stunde durchziehen lassen. Vor dem Servieren noch einmal abschmecken und eventuell nachwürzen.

Auberginen-Quark-Röllchen

6 große Auberginen (etwa 1,8 kg)
4 Knoblauchzehen
⅛ l Olivenöl
schwarzer Pfeffer, frisch gemahlen
Salz
750 g Sahnequark
etwa ⅛ l Milch
1 Eßl. Zitronensaft
einige Petersilienzweige
4 unbehandelte Zitronen, in Achtel geschnitten

Zubereitungszeit: etwa 45 Minuten

1. Die Auberginen waschen und von den Stielansätzen befreien. Dann die Auberginen längs in dünne Scheiben schneiden. Die Knoblauchzehen schälen und durch die Presse drücken.

2. In einer großen Pfanne etwas von dem Olivenöl erhitzen. Die Auberginenscheiben portionsweise dazugeben und in der Pfanne in je 2–4 Minuten bei mittlerer Hitze von beiden Seiten anrösten. Zum Schluß jeweils etwas Knoblauch dazugeben und kurz anbraten. Die Auberginen auf Küchenpapier abfetten, pfeffern und salzen.

3. Den Quark in einer Schüssel mit der Milch verrühren und mit Pfeffer, Salz und dem Zitronensaft würzen.

4. Jeweils etwas von dem Quark auf eine Auberginenscheibe streichen und die Auberginen zu Röllchen aufrollen. Die Röllchen auf eine Platte setzen und vor dem Servieren mit Petersilienzweigen und Zitronenachteln garnieren.

Weiße Bohnensalat mit Thunfisch

600 g getrocknete dicke weiße Bohnen
4 Dosen Thunfisch naturell (je 200 g Nettogewicht)
⅛ l Weißweinessig
⅛ l Olivenöl
Salz
schwarzer Pfeffer, frisch gemahlen
1 Eßl. rosa Pfefferkörner, ersatzweise frischer grüner Pfeffer
6 Schalotten

Zubereitungszeit: etwa 1 ¼ Stunden (plus Einweichzeit über Nacht)

1. Die weißen Bohnen über Nacht in einem Topf in Wasser einweichen.

2. Die Bohnen dann im Einweichwasser aufkochen und zugedeckt etwa 1 Stunde bei mittlerer Hitze garen. In ein Sieb schütten und abtropfen lassen.

3. Den Thunfisch abtropfen lassen, mit einer Gabel zerpflücken und mit dem Essig und dem Öl in eine Schüssel geben. Die Bohnen untermischen und den Salat mit Salz, Pfeffer und den rosa Pfefferkörnern abschmecken.

4. Die Schalotten schälen und fein würfeln, dann unter den Salat mischen und alles im Kühlschrank zugedeckt durchziehen lassen. Vor dem Servieren noch einmal abschmecken.

Bruschetta

1 großes längliches Roggenbrot (etwa 750 g)
800 g geschälte Tomaten aus der Dose
6 Knoblauchzehen
je einige Zweige frischer Thymian, Oregano, Rosmarin
oder je 1 Teel. getrocknete Kräuter
Salz
schwarzer Pfeffer, frisch gemahlen

Zubereitungszeit: etwa 30 Minuten

1. Das Brot in etwa 1 cm dicke Scheiben schneiden. Große Scheiben zusätzlich halbieren. Die Tomaten mit einer Gabel zerteilen. Die Knoblauchzehen schälen und halbieren.

2. Das Brot im Toaster oder im Backofen toasten und sofort noch warm mit dem Knoblauch einreiben.

3. Die Knoblauchzehen durch die Presse zu den Tomaten drücken. Die Kräuter waschen, die Blättchen abzupfen und in die Sauce rühren. Mit Salz und Pfeffer würzen. Die getoasteten Brote mit der Sauce bestreichen und sofort servieren.

Tip!
Eventuell die Brote vorbereiten und im Backofen auf einem Blech vor dem Servieren kurz aufbacken.

Blutorangenparfait mit Mandeln

300 g Zucker
8 Eigelb
1 kg Sahne
½ l frisch gepreßter Blutorangensaft (von etwa 1 kg Orangen)
100 ml Orangenlikör nach Belieben
1 Eßl. Butter
300 g gehobelte Mandeln

Zubereitungszeit: etwa 30 Minuten (plus 6 Stunden Kühlzeit und 1 Stunde Auftauzeit)

1. Den Zucker bis auf 1 Eßlöffel mit den Eigelben in einer Schüssel schaumig rühren.

2. Die Sahne steif schlagen und mit dem Blutorangensaft und nach Belieben dem Orangenlikör unter die Eimasse rühren. Dann in ein flaches Gefäß füllen und zugedeckt im Gefrierfach etwa 2 Stunden anfrieren lassen.

3. In einer Pfanne die Butter zerlassen. Die Mandeln darin kurz anrösten. Den restlichen Zucker dazugeben und die Mandeln bei mittlerer Hitze weiterbraten, bis der Zucker schmilzt.

4. Die Mandeln in das angefrorene Parfait rühren. Alles im Gefrierfach weitere 4 Stunden fest werden lassen.

5. Das Parfait etwa 1 Stunde vor dem Servieren aus dem Gefrierfach nehmen und antauen lassen.

Zu-Fuß-Rallye mit Picknick

Aktionsfest für 20 Personen

Eine Rallye mit dem Auto oder dem Fahrrad hat sicher jeder schon mal erlebt – machen Sie doch so etwas einmal zu Fuß. Das läßt sich mit wirklich weniger Aufwand realisieren, als Sie vielleicht denken, und es macht allen, vor allem auch Kindern, einen Riesenspaß.

Das einzige, was Sie brauchen, ist etwas Zeit für Vorbereitung und Organisation. Die Rallyestrecke (Spaziergang oder Wanderung in beliebiger Länge) endet dann mit einem Picknick im Grünen, im Biergarten, im eigenen Garten oder, bei schlechterem Wetter, in einem Lokal oder der eigenen Wohnung: »Picknick im Haus«, warum eigentlich nicht?

Sie selbst bewirten Ihre Gäste eventuell an einer Zwischenstation und natürlich am Ende der Strecke. Wenn Sie gerne mitgehen möchten, verteilen Sie die Gerichte unter den Teilnehmern, oder deponieren Sie sie zusammen mit den Getränken in Kühltaschen am Ende der Strecke.

Ideen für die Einladung

Briefkarte mit dem Text: »Das Wandern ist der... (Name des Gastgebers) Lust...« (in Anspielung auf den Müller ein Päckchen Backpulver mitschicken).

Ideen für die Organisation

Legen Sie eine abwechslungsreiche Wanderung von nicht mehr als 2 Stunden fest, und zeichnen Sie einen Plan von der Strecke, den Sie dann kopieren.

Laufen Sie die Strecke ab, und achten Sie auf Besonderheiten wie große Bäume, Kilometersteine, eine Kirche, eine Gaststätte und ähnliches, nach denen Sie im Fragenkatalog (außerdem Fragen zur Geschichte des Ortes oder des Stadtteils) der Rallye fragen könnten.

Fassen Sie die Teilnehmer der Rallye in Gruppen zu jeweils 3–4 Personen zusammen. Überlegen Sie sich aber genau, wer zu wem paßt. Stellen Sie für jede Gruppe einen Routenplan und die dazugehörigen Fragen zusammen. Die Gruppen sollten Sie in Abständen von 15 Minuten losschicken.

Sie können Ihren Gästen auch die Aufgabe stellen, unterwegs etwas zu sammeln (zum Beispiel die schönsten Wurzeln, verschiedene Klopapiersorten (bei Stops in Gasthäusern gesammelt) oder Hölzer, um daraus später ein Schiffchen zu bauen, das dann natürlich in der Badewanne oder einem Holzfaß zum Segeltörn mit Wind durch Pusten antreten muß.

Am Ziel erwarten Sie die müden, aber sicher supergelaunten Wanderer mit dem vorbereiteten Picknick. Viel Vergnügen!

Ideen für das Picknick

Schauen Sie sich in aller Ruhe nach einem geeigneten Platz um, nicht überall ist picknicken erlaubt. Notfalls erkundigen Sie sich bei Ihrer Gemeinde nach einem geeigneten Platz.

Sie können die Gerichte auf einem Tapeziertisch aufbauen, den Sie mit einem weißen Laken und vielen Wiesenblumen schmücken, oder eine

große Decke auf der Erde ausbreiten. Getränke und Gerichte sollten Sie in Kühltaschen oder in einem großen mit Kühlaggregaten gefüllten Plastikwaschkorb kühl halten.
Transportieren Sie die Speisen und Getränke erst kurz vor Ende der Rallye, also wenn die ersten nach Ihrer Zeitrechnung eintreffen müßten, aber auf keinen Fall zu spät, an den Picknickplatz.

Das gibt es

1. Gelbe Paprika mit schwarzen Oliven
2. Reissalat mit Staudensellerie
3. Hähnchenkeulen in Zitronensauce
4. Rote Grütze

Getränke

Bier, Weißwein (zum Beispiel Frascati), Mineralwasser

Das können sie am Vortag tun

1. Ihre Vorräte prüfen und Fehlendes entsprechend der Zutatenlisten einkaufen
2. alles vorbereiten und kühl stellen
3. die Getränke kühl stellen

Gelbe Paprika mit schwarzen Oliven

12 gelbe Paprikaschoten
4 Knoblauchzehen
6 Eßl. Olivenöl
3 Eßl. Weißweinessig
Salz
schwarzer Pfeffer, frisch gemahlen
500 g schwarze Oliven

Zubereitungszeit: etwa 40 Minuten

1. Die Paprikaschoten waschen, vierteln, die Trennwände und die Kerne entfernen und die Paprika in grobe Würfel schneiden. Die Knoblauchzehen schälen und fein hacken.

2. In einer großen Pfanne die Hälfte des Olivenöls erhitzen. Die Paprikaschoten darin portionsweise bei mittlerer Hitze 5–8 Minuten anbraten. Zum Schluß immer etwas Knoblauch dazugeben und kurz mitbraten.

3. Aus dem restlichen Öl, dem Essig, Salz und Pfeffer eine Marinade rühren. Die Paprikaschoten in eine flache Schüssel geben, mit der Marinade verrühren und mit den Oliven bestreuen. Oder alles in ein großes Einmachglas füllen, dann läßt es sich besonders gut transportieren.

Tip!
Zu den Picknick-Gerichten sollten sie jede Menge frisches Baguette reichen.

Reissalat mit Staudensellerie

500 g Langkornreis
Salz
10 Stangen Staudensellerie
500 g gegarte Krabben
5 Eßl. Olivenöl
3 Eßl. Zitronensaft
500 g Crème fraîche
schwarzer Pfeffer, frisch gemahlen
3 Bund Dill
300 g Pinienkerne
1 unbehandelte Zitrone, in Achtel geschnitten

Zubereitungszeit: etwa 40 Minuten

1. Den Reis mit der doppelten Menge Wasser (mit einer Tasse abmessen) in einen Topf geben und salzen. Zum Kochen bringen, dann bei schwacher Hitze zugedeckt in etwa 15 Minuten körnig garen. Den Reis in eine große Schüssel geben und abkühlen lassen.

2. Den Staudensellerie waschen, putzen, in sehr dünne Streifen schneiden und mit den Krabben zum Reis geben.

3. Aus dem Olivenöl, dem Zitronensaft, der Crème fraîche, Salz und Pfeffer eine Marinade rühren und über den Salat gießen. Alles gründlich durchmischen und eventuell nachwürzen.

4. Den Dill waschen und trockenschütteln. Einige Zweige zum Garnieren beiseite legen, den Rest fein hacken und mit den Pinienkernen über den Salat streuen. Den Salat wieder gut durchmischen. Vor dem Servieren den Salat noch einmal abschmecken und eventuell nachwürzen.

Hähnchenkeulen in Zitronensauce

20 Hähnchenkeulen
Salz
schwarzer Pfeffer, frisch gemahlen
8 frische Rosmarinzweige oder 4 Eßl. getrockneter, gerebelter Rosmarin
5 Eßl. Butterschmalz
5 Zitronen (davon 1 mit unbehandelter Schale)
500 g Sahne

Zubereitungszeit: etwa 1 ¼ Stunden

1. Die Hähnchenkeulen kurz kalt abspülen und mit Küchenpapier trockentupfen. Dann rundherum mit Salz und Pfeffer einreiben.

2. Von 4 Rosmarinzweigen die Nadeln abzupfen, fein hacken und die Hähnchenkeulen damit oder mit dem getrockneten Rosmarin einreiben.

3. In einer großen Pfanne 1 Eßlöffel Butterschmalz erhitzen und die Hähnchenkeulen portionsweise (immer 4 in einer Pfanne oder 2 Pfannen benutzen) pro Seite etwa 6 Minuten anbraten. Aus der Pfanne nehmen und in einen großen Bratentopf oder eine Kasserolle (eventuell 2 Töpfe verwenden) legen. Beim Anbraten immer wieder Butterschmalz dazugeben.

4. Den Backofen auf 200° vorheizen.

5. Die Zitronen, außer der unbehandelten, auspressen, den Zitronensaft mit etwa 1 Liter Wasser mischen und die Hähnchenkeulen in dem Bratentopf damit begießen. Die übrigen Rosmarinzweige auf die Hähnchenkeulen legen.

6. Den Topf zugedeckt auf den Rost in den Backofen (Mitte) stellen und die Hähnchenkeulen etwa 20 Minuten garen.

7. Die Hähnchenkeulen mit der Sahne begießen und in etwa 10 Minuten fertiggaren.

8. Die unbehandelte Zitrone heiß abspülen und mit der Schale in hauchdünne Scheiben schneiden.

9. Die Hähnchenkeulen aus dem Topf nehmen, auf eine große Platte (oder ein Backblech) legen, abkühlen lassen und mit den Zitronenscheiben garnieren.

10. Die Sauce kalt dazu reichen und mit Baguette auftunken.

Rote Grütze

1 kg gemischte tiefgefrorene Beeren (zum Beispiel Himbeeren, Brombeeren, Erdbeeren)
100 g Zucker
4 Gewürznelken
1 Teel. Zimtpulver
2 Eßl. Speisestärke
einige Blättchen Zitronenmelisse
1 kg Sahne

Zubereitungszeit: etwa 35 Minuten

1. Die Beeren in einen großen Topf geben und in etwa 20 Minuten unter Rühren bei mittlerer Hitze auftauen. Dann den Zucker, die Nelken und das Zimtpulver untermischen.

2. Die Speisestärke in einer Tasse in etwas Wasser anrühren, dann unter die Beeren mengen. Die Mischung kurz aufkochen lassen, dann vom Herd nehmen und abkühlen lassen. Die Rote Grütze in eine Schüssel oder ein Einmachglas füllen, mit den Zitronenmelisseblättchen garnieren und bis zum Picknick kalt stellen. Die flüssige Sahne kann sich jeder selbst über seine Grütze gießen.

Heut' kommt Quiche auf den Tisch

Würziges Kuchenfest für 8 Personen

Quiche schmeckt einfach super, und es gibt sicherlich kaum einen Gast, der sich nicht riesig darüber freut. Machen Sie den leckeren Kuchen deshalb doch zum Thema des Abends – Sie können die Quiches wunderbar vorbereiten und haben gar keine Arbeit mehr, wenn Ihre Gäste kommen. Außerdem ist so ein Quicheabend auch für Leute mit etwas schmalerem Geldbeutel erschwinglich. Sie schmeckt übrigens heiß, aber auch kalt – die Quiche, auf dem Tisch – oder auch im Stehen, wenn Sie mehr Leute einladen möchten. Dann sollten Sie allerdings die doppelte Menge zubereiten und vielleicht einen frischen Salat dazu reichen.

Ideen für die Einladungskarte

ein Stück Pappkarton in Kuchenform ausschneiden und mit Körnern bekleben. Oder ein kleines Quicheförmchen verschicken.

Ideen für das Buffet

Tisch mit zerknittertem Packpapier verkleiden, mit Kresse-Nestern (Kresse aus den Kästchen herausholen und auf Teller setzen) dekorieren, viele kleine Cocktailtomaten auf dem Buffet verteilen, rote und grüne Kerzen dazwischenstellen. Rote und grüne Servietten dazulegen und möglichst einfarbiges Geschirr verwenden.

Das gibt es

1. Tomatenquiche mit Gorgonzola
2. Quiche lorraine
3. Käsequiche
4. Broccoliquiche

Getränke

Zu Beginn vielleicht ein Glas Sekt, dann einen frischen aromatischen Weißwein (zum Beispiel Müller-Thurgau oder Sauvignon blanc), Bier, Mineralwasser

Das können Sie am Vortag tun

1. Ihre Vorräte prüfen und Fehlendes entsprechend der Zutatenlisten einkaufen
2. alle Quiches zubereiten und kalt stellen
3. die Getränke kalt stellen

So lange brauchen Sie für die Zubereitung: etwa 8 Stunden am Vortag (davon 3 Stunden Kühlzeit pro Teig)

Grundrezept für den Mürbeteig

Zutaten für eine Quicheform von 28 cm ø:
200 g Mehl
Salz
100 g kalte Butter
etwa 7 Eßl. Wasser
Mehl zum Ausrollen
Butter für die Form

Zubereitungszeit: etwa 3 ¼ Stunden (davon etwa 3 Stunden Kühlzeit)

1. Das Mehl mit 1 Prise Salz auf die Arbeitsfläche häufen, die Butter in Würfel schneiden und dazugeben, alles mit dem Messer kleinhacken und miteinander mischen.

2. Das Wasser in die Mitte der Mischung geben und alles mit den Händen zu einem geschmeidigen Teig verkneten. Ist er zu weich, noch etwas Mehl dazugeben, ist er zu fest, tropfenweise Wasser unterarbeiten.

3. Den Teig zu einer Kugel formen und auf einem Teller mit Folie abgedeckt etwa 1 ½ Stunden kalt stellen.

4. Die Arbeitsfläche mit etwas Mehl bestreuen und den Teig zu einem Kreis, der etwas größer als die Quicheform ist, ausrollen. Die Quicheform mit Butter fetten, den Teig hineinlegen, den Rand mit einer Küchenschere glattschneiden.

5. Mit einer Gabel mehrmals in den Teigboden stechen. Die Form mit Folie zugedeckt noch einmal etwa 1 ½ Stunden in den Kühlschrank stellen.

6. Inzwischen wie im jeweiligen Rezept beschrieben die Füllung zubereiten, dann auf den Teigboden füllen und backen.

Tomatenquiche mit Gorgonzola

1 Grundrezept Mürbeteig
Für die Füllung:
500 g Tomaten
1 Dose Thunfisch naturell
(200 g Nettogewicht)
Salz
schwarzer Pfeffer, frisch gemahlen
3 Eier
250 g Sahne
150 g Gorgonzola

Zubereitungszeit: etwa 3 ¾ Stunden
(davon 3 Stunden Ruhezeit)

1. Den Mürbeteig wie im Grundrezept beschrieben zubereiten und in der Form kalt stellen.

2. Während der zweiten Kühlzeit die Tomaten überbrühen, häuten und achteln, dabei die Stielansätze und die Kerne entfernen.

3. Den Thunfisch abtropfen lassen und mit einer Gabel zerpflücken.

4. Den Thunfisch und die Tomaten auf dem Mürbteigboden verteilen und mit Salz und Pfeffer würzen.

5. Den Backofen auf 220° vorheizen.

6. Die Eier mit der Sahne verquirlen und mit Salz und Pfeffer würzen. Dann über den Thunfisch und die Tomaten in der Form gießen. Den Gorgonzola darüber bröckeln.

7. Die Form auf den Rost in den Backofen (Mitte) stellen und die Quiche in etwa 40 Minuten goldgelb backen.

Quiche lorraine

1 Grundrezept Mürbeteig
Für die Füllung:
2 mittelgroße Zwiebeln
100 g durchwachsener Räucherspeck in Scheiben
2 Eßl. Butter
½ l Milch
250 g Sahne
4 Eier
Salz
schwarzer Pfeffer, frisch gemahlen
1–2 Teel. Paprikapulver, edelsüß
100 g Emmentaler, frisch gerieben
1 Bund Schnittlauch

Zubereitungszeit: etwa 3 ¾ Stunden
(davon 3 Stunden Ruhezeit)

1. Den Teig wie im Grundrezept beschrieben zubereiten und in der Form kalt stellen. Oder kalt stellen und dann auf dem Blech verteilen.

2. Inzwischen für die Füllung die Zwiebeln schälen und fein würfeln. Den Speck ebenfalls fein würfeln.

3. Die Butter erhitzen. Die Zwiebelwürfel darin bei mittlerer Hitze glasig werden lassen, dann den Speck dazugeben und unter Rühren braun braten.

4. Den Backofen auf 200° vorheizen.

5. Die Milch mit der Sahne und den Eiern verquirlen und mit Salz, Pfeffer und dem Paprikapulver würzen. Den Käse und die Zwiebel-Speck-Mischung dazugeben. Alles gut verrühren und auf dem Teigboden verteilen.

6. Die Form auf den Rost in den Backofen (Mitte) stellen und die Quiche in etwa 40 Minuten goldbraun backen. Falls die Oberfläche zu schnell braun wird, mit Alufolie abdecken.

7. Inzwischen den Schnittlauch waschen, trockenschütteln und in Röllchen schneiden. Die fertige Quiche mit dem Schnittlauch bestreut servieren.

Käsequiche

1 Grundrezept Mürbteig
Für die Füllung:
200 g Emmentaler, frisch gerieben
100 g Greyerzer, frisch gerieben
1/8 l Milch
250 g Sahne
4 Eier
Salz
schwarzer Pfeffer, frisch gemahlen
Muskatnuß, frisch gerieben
100 g Butter

Zubereitungszeit: etwa 3 1/2 Stunden (davon 2 1/2 Stunden Ruhezeit)

1. Den Teig wie im Grundrezept beschrieben zubereiten und in der Form kalt stellen.

2. Die beiden Käsesorten in eine große Schüssel geben und mit der Milch, der Sahne und den Eiern verquirlen. Mit Salz, Pfeffer und Muskat würzen und auf dem Teig in der Form verteilen.

3. Den Backofen auf 220° vorheizen.

4. Die Butter in Flöckchen auf der Quiche verteilen, dann die Form auf den Rost in den Backofen (Mitte) stellen und die Quiche in etwa 40 Minuten goldgelb backen. Falls die Oberfläche zu schnell braun wird, mit Alufolie abdecken.

Broccoliquiche

1 Grundrezept Mürbteig
Für die Füllung:
Salz
800 g Broccoliröschen (Stiele für ein anderes Gericht verwenden)
4 Schalotten
3 Eßl. Olivenöl
300 ml Milch
250 g Sahne
3 Eier
schwarzer Pfeffer, frisch gemahlen
1 Prise Cayennepfeffer
250 g Mozzarella
100 g Mandelblättchen

Zubereitungszeit: etwa 3 1/2 Stunden (davon 2 1/2 Stunden Ruhezeit)

1. Den Teig wie im Grundrezept beschrieben zubereiten und in der Form kalt stellen.

2. Reichlich Salzwasser zum Kochen bringen. Die Broccoliröschen darin etwa 5 Minuten garen, in ein Sieb abschütten, abschrecken und abtropfen lassen.

3. Die Schalotten schälen und würfeln. In einer Pfanne das Olivenöl erhitzen und die Schalottenwürfel darin glasig werden lassen. Dann mit den Broccoliröschen in einer Schüssel mischen.

4. Die Milch mit der Sahne und den Eiern verquirlen, mit Salz, Pfeffer und Cayennepfeffer würzen.

5. Den Broccoli in der Form auf dem Teig verteilen, die Eier-Sahne-Milch darüber gießen.

6. Den Backofen auf 220° vorheizen.

7. Die Quiche in der Form auf den Rost in den Backofen (Mitte) stellen und etwa 20 Minuten backen.

8. Den Mozzarellakäse in dünne Scheiben schneiden, die Quiche damit belegen und die Mandelblättchen darüber streuen. Die Quiche in weiteren 20 Minuten fertig backen.

Nichts als Kartoffeln…

Kartoffelfest für 14 Personen
Eine Superidee für einen warmen Spätsommerabend, wenn es schon neue Kartoffeln gibt. Am schönsten ist natürlich ein richtiges Kartoffelfeuer auf dem Feld, im Garten oder auf einem Grillplatz, wo so etwas erlaubt ist (erkundigen Sie sich bei der Stadt oder Gemeinde). Aber auch aus dem »kleineren« Feuer, also dem Backofen oder dem Holzkohlengrill schmecken sie köstlich.
Hier einige Vorschläge, für die Sie weder einen Garten noch ein großes Feuer brauchen.

Ideen für die Einladungskarte
Eine Briefkarte mit Kartoffeldruck verzieren, beschriften und verschicken. Für den Kartoffeldruck: eine rohe Kartoffel halbieren, ein Muster ausschneiden. Dann die Fläche mit Wasserfarben befeuchten und wie mit einem Stempel auf Papier drucken.

Ideen für das Buffet
Das Kartoffelfestbuffet sollte möglichst rustikal sein. Einen Tapeziertisch oder anderen großen Tisch mit Wellpappe oder grobem Sackleinen belegen, etwas Blumenerde darauf streuen, Steine und rohe Kartoffeln dazwischenlegen, krause Petersilie in Gläsern als Sträußchen aufstellen. Weiße Kerzen und weiße Servietten, aber möglichst rustikales Steingutgeschirr verwenden.

Das gibt es
1. Kartoffelsuppe mit Krabben
2. Kartoffel-Fenchel-Salat
3. Kartoffeln mit Kümmel
4. Kartoffeln mit Käsekruste
5. Folienkartoffeln mit Roquefortcreme

Getränke
Bier, Rotwein (zum Beispiel Spätburgunder, Bordeaux oder Chianti), Mineralwasser

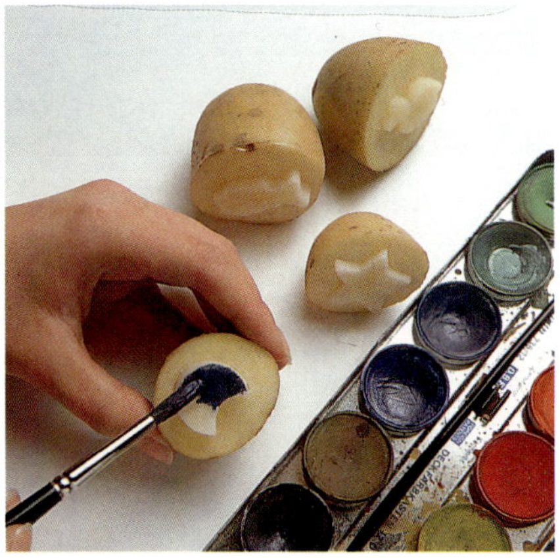

Das können Sie am Vortag tun
1. Ihre Vorräte prüfen und Fehlendes entsprechend der Zutatenlisten einkaufen
2. die Kartoffelsuppe zubereiten
3. die Roquefortcreme zubereiten
4. die Kartoffeln für den Salat garen
5. die Getränke kühl stellen

So lange brauchen Sie für die Zubereitung: etwa 5 Stunden (davon 4 am Vortag)

Tip!
Wenn Ihnen die Rezepte zu fleischlos sind, reichen Sie doch einfach kurzgebratenes Fleisch, also kleine Schnitzel, Minutensteaks oder Koteletts dazu. Gut schmecken auch Hähnchenbrustfilets oder Putenschnitzel.

Kartoffelsuppe mit Krabben

2,5 kg mehligkochende Kartoffeln
1 Bund Frühlingszwiebeln
3 Eßl. Butter
2 ½ l Gemüsebrühe
Salz
weißer Pfeffer, frisch gemahlen
1 Prise Muskatnuß, frisch gerieben
500 g Sahne
500 g gegarte (Nordsee-)Krabben
2 Eßl. Zitronensaft
2 Bund Dill
2 Eßl. grüne Pfefferkörner (frisch oder in Salzlake eingelegt)

Zubereitungszeit: etwa 40 Minuten

1. Die Kartoffen waschen, schälen und würfeln. Die Frühlingszwiebeln waschen, putzen und mit dem zarten Grün in Ringe schneiden.

2. Die Butter in einem großen Topf zerlassen. Die Frühlingszwiebeln darin bei mittlerer Hitze etwa 3 Minuten garen.

3. Die Kartoffeln dazugeben und mit der Gemüsebrühe aufgießen. Kurz aufkochen, mit Salz, Pfeffer und Muskat würzen und die Suppe zugedeckt bei mittlerer Hitze in 20–25 Minuten garen, bis die Kartoffeln weich sind. Dann im Mixer oder mit dem Stabmixer pürieren und die Sahne unterrühren. Abschmecken und eventuell nachwürzen.

4. Die Krabben mit dem Zitronensaft beträufeln, dann in die Suppe geben.

5. Den Dill waschen, trockenschütteln und ohne die groben Stiele kleinschneiden. Vor dem Servieren über die Suppe streuen.

Kartoffel-Fenchel-Salat

3 kg festkochende Kartoffeln
Salz
4 Fenchelknollen (etwa 1200 g)
½ l Gemüsebrühe
2 Eßl. Senf
4 Eßl. Weißweinessig
4 Eßl. Sonnenblumenöl
weißer Pfeffer, frisch gemahlen
2 Zwiebeln
4 Eßl. Sonnenblumenkerne

Zubereitungszeit: etwa 1¾ Stunden (davon 1 Stunde Zeit zum Durchziehen)

1. Die Kartoffeln waschen. In einem großen Topf, von Salzwasser bedeckt, bei mittlerer Hitze zugedeckt in etwa 20 Minuten nicht zu weich garen. Abgießen und abkühlen lassen, dann schälen und in Scheiben schneiden.

2. In einem zweiten Topf Salzwasser zum Kochen bringen. Den Fenchel waschen, putzen, vierteln und in feine Streifen schneiden. Das Fenchelgrün fein hacken und zugedeckt beiseite stellen.

3. Den Fenchel in dem Salzwasser etwa 3 Minuten garen, dann in ein Sieb abschütten, abschrecken und abtropfen lassen. Die Gemüsebrühe erhitzen.

4. Die Kartoffeln mit dem Fenchel in eine Schüssel geben und mit der Gemüsebrühe begießen.

5. Den Senf in einer Schüssel mit dem Essig, dem Sonnenblumenöl, Salz und Pfeffer zu einer Marinade verrühren.

6. Die Zwiebeln schälen und in Ringe schneiden. Mit der Marinade unter den Salat mischen.

7. Die Sonnenblumenkerne in einer trockenen Pfanne bei mittlerer Hitze unter Rühren 2–3 Minuten anrösten. Vor dem Servieren die Sonnenblumenkerne und das Fenchelgrün über den Kartoffelsalat streuen.

Kartoffeln mit Kümmel

14 große mehligkochende Kartoffeln
etwa 1/8 l Olivenöl
Salz
schwarzer Pfeffer, frisch gemahlen
2 Eßl. Kümmelkörner
Butter für das Blech

Zubereitungszeit: etwa 45 Minuten

1. Ein Backblech mit Butter fetten. Den Backofen auf 220° vorheizen.

2. Die Kartoffeln waschen, längs halbieren und mit der Schnittfläche nach oben auf das Blech legen. Die Schnittflächen mit dem Olivenöl bestreichen, mit Salz und Pfeffer würzen und mit dem Kümmel bestreuen.

3. Die Kartoffeln auf dem Blech im Backofen (Mitte) etwa 35 Minuten backen, bis sie gar sind.

Kartoffeln mit Käsekruste

14 große mehligkochende Kartoffeln
Salz
schwarzer Pfeffer, frisch gemahlen
8 Tomaten
600 g Mozzarella
2 Eßl. Kräuter der Provence
1 Bund Basilikum
Butter für das Backblech

Zubereitungszeit: etwa 45 Minuten

1. Das Backblech mit Butter fetten. Den Backofen auf 220° vorheizen.

2. Die Kartoffeln waschen, längs halbieren und mit der Schnittfläche nach oben auf das Blech setzen. Mit Salz und Pfeffer würzen.

3. Die Tomaten waschen und quer in Scheiben schneiden. Den Mozzarellakäse abtropfen lassen und in Scheiben schneiden.

4. Die Kartoffeln mit je 1 Tomaten- und Mozzarellascheibe belegen und mit den Kräutern der Provence bestreuen.

5. Die Kartoffeln auf dem Blech im Backofen (Mitte) etwa 35 Minuten backen, bis sie weich sind. Falls die Oberfläche zu schnell braun wird, die Kartoffeln mit Alufolie abdecken.

6. Das Basilikum waschen, trockenschütteln und die Blättchen abzupfen. Die fertigen Kartoffeln mit je 1 Basilikumblättchen garnieren.

Folienkartoffeln mit Roquefortcreme

14 große mehligkochende Kartoffeln
200 g Roquefort
Saft von 1 Zitrone
500 g saure Sahne
Salz
schwarzer Pfeffer, frisch gemahlen
100 g Seehasenrogen
Alufolie

Zubereitungszeit: etwa 1 Stunde

1. Den Backofen auf 250° vorheizen.

2. Die Kartoffeln gründlich waschen, dann in Alufolie einwickeln und auf einem Backblech im Backofen (Mitte) in etwa 1 Stunde garen.

3. Inzwischen für die Roquefortcreme den Roquefort in einer Schüssel mit einer Gabel fein zerdrücken. Den Zitronensaft und die saure Sahne unterrühren und mit wenig Salz und Pfeffer würzen. Die Creme kühl stellen, bis die Kartoffeln fertig sind.

4. Die Folie der gegarten Kartoffeln leicht öffnen, die Kartoffeln kreuzweise einschneiden und etwas von der Roquefortcreme darauf geben. Mit je 1 Klecks Seehasenrogen servieren.

Im Bild links:
Kartoffeln mit Kümmel
Im Bild rechts:
Kartoffeln mit Käsekruste
Im Bild unten:
Folienkartoffeln mit Roquefortcreme

Herbstliches Essen am Tisch für 8 Personen

Ein gemütliches Essen im Herbst, wenn es draußen schon früh dunkel wird – da sagt wohl keiner Nein! Als Gastgeber haben Sie kaum Arbeit, weil Sie fast alles in Ruhe schon am Vortag zubereiten können.

Ideen für die Einladungskarte

Pressen Sie Laubblätter in schönen Farben schon einige Tage vor der Einladung zwischen zwei Buchdeckeln, dann kleben Sie sie auf eine Briefkarte und verschicken Sie mit dem Einladungstext.

Ideen für die Dekoration

Auf den Tisch und auch auf den Boden des Eßzimmers viel buntes trockenes Herbstlaub und Kastanien verteilen. Oder Gemüse des Herbstes wie Kürbisse und hübsche Zweige als Dekoration nehmen.

Das gibt es

1. Möhrencremesuppe mit Croûtons
2. Rinderfilet mit Speck und Pilzen
3. Schwarz-weiße Mousse au chocolat

Getränke

Champagner, Rotwein (zum Beispiel Châteauneuf-du-Pape, Côtes du Roussillon oder Blauen Spätburgunder)

Das können Sie am Vortag tun

1. Ihre Vorräte prüfen und Fehlendes entsprechend der Zutatenlisten einkaufen
2. die Möhrencremesuppe vorbereiten
3. die Mousse zubereiten
4. die Getränke kühl stellen

So lange brauchen Sie für die Zubereitung: etwa 6 Stunden (davon 4 am Vortag)

Möhrencremesuppe mit Croûtons

1 kg Möhren
Salz
1 Prise Zucker
schwarzer Pfeffer, frisch gemahlen
250 g Sahne
100 ml Calvados nach Belieben
2 Knoblauchzehen
3 Scheiben Weißbrot
1 Bund Petersilie
½ Eßl. Butter

Zubereitungszeit: etwa 1 Stunde

1. Die Möhren waschen, schälen und kleinschneiden. In einem Topf in 1 ½ Litern Salzwasser mit dem Zucker zugedeckt in etwa 30 Minuten weich garen. Dann im Mixer oder mit dem Stabmixer in der Flüssigkeit pürieren.

2. Die Möhrensuppe mit Salz und Pfeffer würzen. Dann die Sahne und nach Belieben den Calvados unterrühren und die Suppe kurz aufkochen. Die Suppe warm halten.

3. Die Knoblauchzehen schälen und durch die Presse drücken. Das Weißbrot entrinden und würfeln. Die Petersilie waschen, trockenschütteln und fein hacken.

4. Die Butter in einer Pfanne zerlassen. Den Knoblauch darin glasig werden lassen. Die Weißbrotwürfel dazugeben und unter Rühren bei mittlerer Hitze knusprig braten.

5. Die Möhrensuppe mit den Weißbrotwürfeln und der Petersilie bestreut servieren.

Tip!
Besonders hübsch sieht die Suppe aus, wenn Sie sie in kleinen ausgehöhlten Kürbissen servieren.
Statt Möhren können Sie für die Suppe auch das gewürfelte Kürbisfleisch nehmen.

Im Bild oben:
Möhrensuppe mit Croûtons
Im Bild unten:
Rinderfilet mit Speck und Pilzen

Rinderfilet mit Speck und Pilzen

8 kleine Rinderfiletstücke (je etwa 180 g)
Salz
schwarzer Pfeffer, frisch gemahlen
300 g Schinkenspeck in Scheiben
1 Bund Salbei
500 g Sahne
750 g große Champignons

Zubereitungszeit: etwa 1 ¼ Stunden (davon 40 Minuten Garzeit)

1. Die Filetstücke von beiden Seiten mit Pfeffer und Salz würzen, dann nebeneinander in eine große, feuerfeste Form legen. Die Speckscheiben zu Röllchen aufrollen und dazwischen legen.

2. Den Backofen auf 220° vorheizen.

3. Den Salbei waschen, trockenschütteln und die Blättchen von den Stielen zupfen. Die Hälfte des Salbeis über die Filets streuen.

4. Das Fleisch mit der Sahne begießen und zugedeckt im Backofen (Mitte) etwa 30 Minuten garen.

5. Inzwischen die Champignons kurz waschen oder mit Küchenpapier abreiben, die Stiele herausdrehen. Nach 30 Minuten Garzeit die Champignonköpfe zwischen die Filetstücke in die Form legen und etwas von der Sahnesauce darüberlöffeln. Die Pilze mit Pfeffer und Salz würzen und alles in etwa 10 Minuten fertiggaren.

6. Den übrigen Salbei über das fertige Gericht streuen. Reichen Sie zu den Filetstücken Bandnudeln und einen bunt gemischten Salat.

Tip!
Sie können die Rinderfiletstücke auch in der Pfanne kurz braten, warm halten und die Pilze anschließend braten. Dann die Sahne in die Pfanne gießen, einkochen lassen und getrennt dazu servieren.

Schwarz-weiße Mousse au chocolat

Für die Mousse:
150 g weiße Schokolade
⅛ l Milch
2 Blatt weiße Gelatine
1 Ei
1 Eßl. Zucker
1 Eßl. weißer Rum nach Belieben
250 g Sahne
Für die Sauce:
¼ l Milch
1 Eßl. Speisestärke
2 Eßl. Zucker
2 Eßl. löslicher Kaffee
1 Eßl. Kakaopulver
3 Eßl. Sahne

Zubereitungszeit: etwa 4 Stunden (davon 3 ½ Stunden Kühlzeit)

1. Die Schokolade in einen Topf bröckeln, die Milch dazugießen und die Schokolade bei schwacher Hitze schmelzen. Dabei ab und zu umrühren. Dann abkühlen lassen.

2. Die Gelatine etwa 5 Minuten in kaltem Wasser einweichen.

3. Das Ei mit dem Zucker mit dem Handrührgerät schaumig rühren.

4. Die Gelatine in einem kleinen Topf bei schwacher Hitze unter Rühren auflösen, dann mit der Eiercreme unter die Schokolade rühren. Die Creme etwa 20 Minuten in den Kühlschrank stellen, bis sie anfängt zu gelieren.

5. Die Sahne steif schlagen, unter die Schokoladenmasse rühren und die Mousse weitere 3 Stunden kalt stellen.

6. Für die Sauce in einem Topf die Milch mit der Speisestärke, dem Zucker, dem Kaffee und dem Kakao gut verrühren. Dann unter Rühren einmal aufkochen lassen. Die Sauce abkühlen lassen und bis zum Servieren kalt stellen.

7. Von der weißen Schokoladenmasse mit einem Eßlöffel Nocken abstechen und auf Dessertteller legen. Die schwarze Sauce gut durchrühren, die Sahne dazugeben und die Sauce auf die Dessertteller verteilen.

Advent, Advent … viele Lichtlein brennen

Adventskaffee für 14 Personen

An verregneten oder verschneiten Sonntagen in der Adventszeit freut sich jeder über eine Einladung zu einem gemütlichen Nachmittag. Wenn Sie die Wohnung vorweihnachtlich schmücken und der Bratapfelduft verführerisch aus dem Ofen steigt, kommt Stimmung ganz von selbst auf. Und so mancher Adventskaffee-nachmittag mündet in einen langen Glühweinabend.

Ideen für die Einladungskarte

Eine kleine Bienenwachskerze mit einem Einladungskärtchen verschicken. Oder eine rote Kerze mit einem Zweig in einen Nikolausstiefel stecken und verschicken.

Ideen für das Buffet und die Dekoration

Einen Tapeziertisch oder anderen großen Tisch mit Glanzpapier oder einer hübschen Tischdecke, zum Beispiel in einem warmen Gelbton, belegen, mit Tannenzweigen und Kerzen schmücken. Oder einen Holztisch wählen. In der Wohnung möglichst viele bunte elektrische Lichterketten oder Tannenzweiggirlanden aufhängen. Oder Tannenzweige, Blätter und rote Früchte mit einer Schleife zusammenbinden und die Wohnung damit dekorieren.

Das gibt es

1. Bratäpfel mit Haselnüssen
2. Adventsstollen
3. Apfelbrot
4. Käsekuchen mit Kirschen

Getränke

Kaffee, Tee, Glühwein

Das können Sie am Vortag tun

1. Ihre Vorräte prüfen und Fehlendes entsprechend der Zutatenlisten einkaufen
2. die Stollen backen
3. den Käsekuchen mit Kirschen zubereiten
4. das Apfelbrot backen

So lange brauchen Sie für die Zubereitung: etwa 7 Stunden (davon 6 am Vortag; einschließlich Ruhezeiten)

Bratäpfel mit Haselnüssen

14 große säuerliche Äpfel
(zum Beispiel Boskop)
500 g Rosinen
225 g Zucker
1 Teel. Zimtpulver
200 g Butter
300 g kernige Haferflocken
200 g grob gehackte Haselnüsse
Fett für die Form

Zubereitungszeit: etwa 1 Stunde

1. Die Äpfel waschen und trockenreiben. Die Kerngehäuse mit einem Apfelausstecher ausstechen.

2. Den Backofen auf 200° vorheizen. Eine große, feuerfeste Form ausfetten und die Äpfel hineinsetzen.

3. Die Rosinen mit 200 g Zucker und dem Zimt mischen und in die Aushöhlung der Äpfel füllen. Auf jeden Apfel ein Stückchen Butter geben.

4. Die Äpfel in der Form auf den Rost in den Backofen (Mitte) stellen und etwa 30 Minuten backen, bis sie würzig duften.

5. Inzwischen in einer Pfanne die restliche Butter zerlassen. Die Haferflocken dazugeben und etwa 5 Minuten bei mittlerer Hitze anrösten. Den restlichen Zucker unterrühren und unter Rühren weiterbraten, bis er schmilzt und die Flocken goldbraun sind.

6. Die fertigen Äpfel mit der Haferflockenmischung und den Haselnüssen bestreut servieren.

Adventsstollen

Zutaten für 2 Stollen:
¼ l lauwarme Milch
1 Würfel Hefe (42 g)
100 g Zucker
1 Prise Salz
150 g Butter
1 Päckchen Vanillinzucker
200 g grob gehackte Haselnüsse
100 g Rosinen
600 g Mehl
1 Prise Zimtpulver
50 g gehacktes Zitronat
50 g gehacktes Orangeat
Fett für das Backblech
flüssige Butter zum Bestreichen
Puderzucker zum Bestäuben

Zubereitungszeit: etwa 2 ½ Stunden (davon 1 ½ Stunden Ruhezeit und 45 Minuten Backzeit)

1. Die Milch mit der Hefe und 2 Teelöffeln Zucker in einer Schüssel verrühren und etwa 10 Minuten ruhen lassen.

2. Dann die übrigen Zutaten dazugeben und alles mit den Händen oder mit den Knethaken des Handrührgerätes auf der niedrigsten Stufe in etwa 5 Minuten zu einem weichen Teig verkneten. Den Teig in einer Schüssel zugedeckt an einem warmen Ort etwa 1 Stunde gehen lassen, bis sich sein Volumen fast verdoppelt hat.

3. Ein Backblech fetten. Den Teig nochmals gut durchkneten, dann in 2 gleich große Stücke teilen. Jedes Stück zu einem etwa 25 x 35 cm großen Rechteck formen. Die Rechtecke jeweils von der längeren Seite her zusammenfalten, auf das Blech legen und weitere 30 Minuten gehen lassen.

4. Den Backofen auf 200° vorheizen.

5. Die Stollen im Backofen (Mitte) in etwa 45 Minuten backen.

6. Die fertigen Stollen mit zerlassener Butter bestreichen und mit Puderzucker bestreuen.

Apfelbrot

Zutaten für ein Brot:
2½ kg säuerliche Äpfel
100 g getrocknete Aprikosen
3 Teel. gemahlene Nelken
3 Teel. Zimtpulver
100 g gewürfeltes Zitronat
50 g Rosinen
abgeriebene Schale von 1 unbehandelten Zitrone
250 g Zucker
⅛ l Rum, ersatzweise Zitronensaft
1 kg Mehl
2 ½ Päckchen Backpulver
200 g gehackte Walnüsse
Fett für das Backblech

Einweichzeit: über Nacht
Zubereitungszeit: etwa 1 ½ Stunden (davon 1 Stunde 10 Minuten Backzeit)

1. Die Äpfel schälen, vom Kerngehäuse befreien, raspeln und in eine Schüssel geben. Die Aprikosen würfeln und mit den Nelken, dem Zimt, dem Zitronat, den Rosinen, der Zitronenschale und dem Zucker unter die Äpfel mischen. Mit dem Rum oder dem Zitronensaft begießen und über Nacht zugedeckt ziehen lassen.

2. Das Mehl mit dem Backpulver mischen und am besten mit den Knethaken des Handrührgerätes unter die Früchte mischen. Die Walnüsse unterrühren.

3. Den Backofen auf 200° vorheizen.

4. Ein Backblech fetten. Aus dem Teig ein längliches Brot formen und auf das Blech legen. Das Apfelbrot im Backofen (Mitte) etwa 1 Stunde 10 Minuten backen, bis es schön gebräunt ist.

Käsekuchen mit Kirschen

Zutaten für 1 Auflaufform von
25 x 30 cm:
200 g Butterkekse
125 g Butter
200 g Puderzucker
125 g Sahne
200 g Doppelrahm-Frischkäse
1 Glas Sauerkirschen (680 g Nettogewicht)
4 Eßl. Speisestärke

Zubereitungszeit: etwa 3 Stunden (davon 2 Stunden Kühlzeit)

1. Die Butterkekse in eine Plastiktüte füllen und mit einem Nudelholz krümelig rollen.

2. In einer Pfanne die Butter zerlassen, dann mit den Kekskrümeln in eine Rührschüssel geben, die Hälfte von dem Puderzucker dazugeben und alles gut verrühren.

3. Die Keksmischung in eine rechteckige Auflaufform füllen und mit dem Kartoffelstampfer festdrücken. Zugedeckt in den Kühlschrank stellen.

4. Inzwischen die Sahne steif schlagen.

5. Den Frischkäse in einer Schüssel mit dem restlichen Puderzucker verrühren, die Sahne unterheben und auf dem Keksboden in der Auflaufform verteilen. Wieder zugedeckt kühl stellen.

6. Inzwischen die Kirschen mit dem Saft in einen Topf geben und zum Kochen bringen.

7. In einer Tasse die Speisestärke mit etwas Wasser verrühren und unter die Kirschen mischen. Die Masse unter Rühren aufkochen und sobald sie dick wird, von der Herdplatte ziehen und abkühlen lassen.

8. Die Kirschmischung auf dem Keks-Käse-Boden verteilen und weitere 2 Stunden kalt stellen.

Tip!
Kerzen in den Kuchen stecken und vor dem Servieren kurz anzünden.

Tip!
Zum Adventskaffee können Sie zusätzlich gekaufte oder selbstgebackene Plätzchen und Lebkuchen reichen.

Glühwein ist fein
Rotwein mit Gewürznelken, Zimtstangen und 1 Stück unbehandelter Zitronenschale in einem Topf erhitzen und etwa 10 Minuten bei schwacher Hitze ziehen lassen. Dann nach Belieben süßen.

Kinderpunsch
Jeweils die gleiche Menge Früchtetee und Kirschsaft mischen, erhitzen und mit etwas Zimt, gemahlenen Gewürznelken und wenig Zitronensaft würzen. Nach Belieben mit Honig süßen.

Der ferne Osten lockt…

Fernöstliches aus dem Wok für 8 Personen

Der Wok ist geradezu ideal für eine Einladung mehrerer Gäste. Denn schön geschnittenes Gemüse und Fleisch können Sie in Ruhe in der Küche vorbereiten und garen. Dann in einen Tischwok umfüllen und am Tisch weiterbruzzeln lassen. Das ist nicht nur gesellig, sondern schmeckt auch köstlich. Falls Sie keinen Wok besitzen, nehmen Sie einfach einen großen, gußeisernen Bratentopf.

Ideen für die Einladungskarte

Verschicken Sie Stäbchen mit der Einladung. Die kann dann jeder Gast, der das Essen damit versuchen möchte, gleich wieder mitbringen.

Ideen für den Tisch

Mit einer roten Papiertischdecke (Schreibwarenhandel) belegen. Chinesisches Knabbergebäck (Asienladen) in Schälchen darauf verteilen und ein Ikebanagesteck dazustellen (Blumen, Gräser und Zweige werden in eine Vase auf einen Blumenigel gesteckt). Bambussets und weitere fernöstliche Accessoires im Asienladen besorgen.

Das gibt es

1. Sesamtaschen mit Bananencreme
2. Gemüsesuppe mit Tofu
3. Kalbfleisch mit Zitrone und Nüssen
4. Mango mit Kiwisauce

Getränke

Reiswein (Sake) oder trockenen Weißwein (zum Beispiel Graves blanc, Chablis oder Silvaner), grünen Tee, Mineralwasser

Das können Sie am Vortag tun

1. Ihre Vorrate prüfen und Fehlendes entsprechend der Zutatenlisten einkaufen
2. das Fleisch schnetzeln und marinieren
3. das Dessert zubereiten
4. die Getränke kühl stellen

So lange brauchen Sie für die Zubereitung: etwa 4 ½ Stunden (davon 1 am Vortag)

Gemüsesuppe mit Tofu

300 g Kohlrabi
1 Bund Frühlingszwiebeln
1 Stange Lauch
4 große Möhren
3 Eßl. Sonnenblumenöl
1 Eßl. Zitronensaft
4 Eßl. Sojasauce
2 l Gemüsebrühe
Salz
schwarzer Pfeffer, frisch gemahlen
300 g Tofu
10 Shiitakepilze
1 Bund Schnittlauch

Zubereitungszeit: etwa 40 Minuten

1. Die Kohlrabi schälen, vierteln und in schmale Stifte schneiden. Die Frühlingszwiebeln waschen, putzen und mit dem zarten Grün in feine Röllchen schneiden. Den Lauch längs aufschlitzen, gründlich waschen, putzen und in schmale Halbringe schneiden. Die Möhren waschen, schälen und in dünne Scheiben schneiden.

2. Das Öl in einem großen Topf oder im Wok erhitzen. Das Gemüse hineingeben und unter Rühren bei starker Hitze anbraten. Den Zitronensaft und die Hälfte der Sojasauce untermischen. Dann die Gemüsebrühe dazugießen, mit Salz und Pfeffer würzen und alles zugedeckt etwa 10 Minuten bei schwacher Hitze garen.

3. Inzwischen den Tofu in einem Sieb abtropfen lassen, dann würfeln und mit der restlichen Sojasauce beträufeln. Die Pilze waschen, die Stiele entfernen, die Köpfe in feine Streifen schneiden.

4. Den Tofu und die Pilze in die Suppe geben und alles weitere 5 Minuten bei schwacher Hitze garen. Das Gemüse soll noch knackig sein.

5. Den Schnittlauch waschen, trockenschütteln und in feine Röllchen schneiden. Die Suppe mit dem Schnittlauch bestreut servieren.

Sesamtaschen mit Bananencreme

Für die Sesamtaschen:
4 tiefgefrorene Blätterteigplatten (etwa 300 g)
100 g Bambussprossenstifte (aus dem Glas)
2 Eßl. Crème fraîche
Salz
schwarzer Pfeffer, frisch gemahlen
1 Teel. Sojasauce
1 Bund Schnittlauch
2 Eigelb
4 Eßl. Sesamsamen
Backpapier für das Blech
Für die Bananencreme:
1 Eßl. Butter
1 Eßl. Mehl
1 Teel. Currypulver
¾ l Milch
2 reife Bananen
Salz
schwarzer Pfeffer, frisch gemahlen
1 Teel. Sojasauce

Zubereitungszeit: etwa 40 Minuten

1. Die Blätterteigplatten aus der Packung nehmen und etwa 10 Minuten antauen lassen.

2. Die Bambussprossen in einem Sieb abtropfen lassen, dann in einer Schüssel mit der Crème fraîche, Salz, Pfeffer und der Sojasauce verrühren.

3. Den Schnittlauch waschen, trockenschütteln und in feine Röllchen schneiden. Dann unter die Bambussprossen mischen.

4. Die Blätterteigplatten quer halbieren. Jeweils etwas von der Füllung in die Mitte jedes Quadrates setzen und zu einem Dreieck zusammenklappen. Die Ränder festdrücken und eventuell glattschneiden.

5. Ein Backblech mit Backpapier auslegen. Den Backofen auf 200° vorheizen.

6. Die Dreiecke auf das Blech legen, mit den verquirlten Eigelben bestreichen und dick mit den Sesamsamen bestreuen. Die Taschen etwa 10 Minuten ruhen lassen, dann im Backofen (Mitte) in etwa 20 Minuten backen.

7. Inzwischen für die Bananencreme die Butter in einem Topf zerlassen. Das Mehl mit dem Currypulver mischen und einrühren. Unter Rühren bei mittlerer Hitze kurz anbraten. Die Milch unter kräftigem Schlagen dazugießen. Die Sauce bei schwacher Hitze etwa 10 Minuten köcheln lassen, dann von der Herdplatte nehmen.

8. Die Bananen schälen, kleinschneiden und in die Sauce rühren. Mit Salz, Pfeffer und der Sojasauce würzen, gut durchrühren und nochmals kurz erhitzen. Dann die Bananensauce im Mixer oder mit dem Stabmixer pürieren und zu den Sesamtaschen servieren.

Im Bild oben:
Gemüsesuppe mit Tofu
Im Bild unten:
Sesamtaschen mit Bananencreme

Kalbfleisch mit Zitrone und Nüssen

1,5 kg Kalbsschnitzel
6 Eßl. Sojasauce
Salz
schwarzer Pfeffer, frisch gemahlen
2 unbehandelte Zitronen
500 g Möhren
6 Stangen Staudensellerie
1 Bund Frühlingszwiebeln
4 Eßl. Sonnenblumenöl
200 g geschälte, ungesalzene Erdnüsse

Zubereitungszeit: etwa 2 ½ Stunden (davon 2 Stunden Marinierzeit)

1. Das Kalbfleisch in dünne Streifen schneiden und mit der Sojasauce, Salz und Pfeffer in einem Topf mischen.

2. Die Zitronen waschen, die Schale abschälen und in dünne Streifen schneiden. Den Saft auspressen. Das Fleisch mit der Zitronenschale und dem -saft mischen und mindestens 2 Stunden marinieren lassen.

3. Die Möhren schälen und in dünne Streifen schneiden. Den Staudensellerie waschen, putzen und in schmale Scheiben schneiden. Die Frühlingszwiebeln waschen, putzen und mit dem zarten Grün in kleine Röllchen schneiden.

4. Das Öl im Wok oder in der Pfanne erhitzen. Das Fleisch aus der Marinade heben, abtropfen lassen und in etwa 10 Minuten bei starker Hitze von allen Seiten anbraten. Dann das Gemüse dazugeben und ebenfalls in etwa 5 Minuten unter Rühren braten. Die Marinade dazugießen und alles noch einmal etwa 5 Minuten garen.

5. Das Fleisch mit den Erdnüssen bestreuen und servieren. Dazu passen chinesische Eiernudeln und eventuell ein pikanter Gurkensalat mit feingeschnittener Chilischote, wie man ihn in Thailand schätzt.

Mangos auf Kiwisauce

3 reife Mangos
6 Kiwis
2 Eßl. Zitronensaft
1 Eßl. Zucker
250 g Sahne
2 Eßl. Kokosraspel
Zitronenmelisse oder Minzeblättchen zum Garnieren

Zubereitungszeit: etwa 20 Minuten

1. Die Mangos schälen und das Fruchtfleisch in möglichst gleichmäßigen Streifen vom Stein schneiden.

2. Die Kiwis schälen, mit dem Zitronensaft und dem Zucker mischen und mit dem Stabmixer fein pürieren.

3. Die Kiwisauce auf Dessertteller verteilen. Die Mangospalten darauf setzen.

4. Die Sahne halbsteif schlagen und auf die Teller verteilen. Mit den Kokosraspeln überstreuen und mit Zitronenmelisse- oder Minzeblättchen garniert servieren.

Tip!
Zutaten und Dekomaterial für einen fernöstlichen Abend bekommen Sie in einem Asienladen. Chinesische Nudeln finden Sie auch in den Asienabteilungen großer Lebensmittelläden.

Katerfrühstück

Brunch für 10 Personen
Der beste Abschluß einer mehr oder weniger durchwachten Nacht ist ein köstliches Frühstück, bei dem die Lebensgeister so langsam wieder mobil werden, dank vitaminreicher Säfte, herzhafter Salate und delikater Kleinigkeiten. Das Fest selbst kann bei dieser Gelegenheit auch noch einmal so richtig nacherlebt werden und mancher Flirt läßt sich vertiefen.
Wenn Ihnen das eine oder andere der folgenden »scharfen« Gerichte nicht zusagt, können Sie auch eines vom Sonntagsbrunch (siehe Seite 48) aussuchen und austauschen.

Ideen für die Einladungskarte
Malen Sie einen großen schwarzen Kater auf eine Briefkarte, oder schneiden Sie das Tier aus schwarzem Karton aus. Schreiben Sie die wichtigsten Daten darauf, oder kleben Sie ihm ein Kärtchen unter die Schnurrhaare.

Ideen für das Buffet
Eine Wäscheleine über das Buffet spannen und diverse Schmerzmittel (gegen Katererscheinungen, Kopfschmerzen und ähnliches) mit Wäscheklammern daran aufhängen.
Den Tisch mit einer einfachen, weißen Papiertischdecke bespannen. Das »Katermodell« von der Einladungskarte in vergrößerter Form darauf zeichnen oder aus Karton ausschneiden und aufstellen.

Das gibt es
1. Heringssalat
2. Mozzarellatomaten
3. Selleriesuppe mit Gorgonzola
4. Zwiebelsalat mit Kapern und Äpfeln
5. Handkäs mit Musik

Getränke
Kaffee, Tee, Orangen-, Grapefruit- und/oder Tomatensaft, Sekt, Champagner oder Prosecco, kühles Bier

So lange brauchen Sie für die Zubereitung: etwa 2 ½ Stunden (am Vortag)

Das können Sie am Vortag tun
1. Ihre Vorräte prüfen und Fehlendes entsprechend der Zutatenlisten einkaufen
2. alles vorbereiten
3. die Getränke kühl stellen

Heringssalat

16 Matjesfilets
250 g Gewürzgurken
250 g Zwiebeln
1 Glas gegarte rote Bete (220 g Nettogewicht)
2 säuerliche Äpfel
250 g gekochtes Rindfleisch (zum Beispiel von der Kraftbrühe, Rezept Seite 28)
100 g gehackte Walnüsse
Für die Sauce:
125 g Joghurt
200 g saure Sahne
1 Teel. Senf
Salz
schwarzer Pfeffer, frisch gemahlen

Zubereitungszeit: etwa 30 Minuten

1. Die Matjesfilets in etwa 2 cm breite Stücke schneiden. Die Gurken längs vierteln, kleinschneiden und mit den Fischstücken in einer großen Salatschüssel mischen.

2. Die Zwiebeln schälen und in schmale Ringe schneiden. Die roten Beten fein hacken und beides in die Schüssel geben.

3. Die Äpfel schälen, vierteln, von den Kerngehäusen befreien und in Streifen schneiden. Das Rindfleisch in schmale Streifen schneiden. Die Äpfel, das Fleisch und die Walnüsse in die Schüssel geben und alles gut mischen.

4. Für die Sauce den Joghurt mit der sauren Sahne und dem Senf verrühren, mit Salz und Pfeffer würzen, über den Salat geben und gründlich untermischen.

Mozzarellatomaten

10 große Tomaten
2 Eßl. Olivenöl
Salz
schwarzer Pfeffer, frisch gemahlen
250 g Mozzarella
2 Teel. Kräuter der Provence
3 Eßl. Crème fraîche
½ Bund Basilikum

Zubereitungszeit: etwa 40 Minuten

1. Die Tomaten waschen und abtrocknen. Jeweils einen Deckel abschneiden und die Tomaten vorsichtig aushöhlen.

2. Eine feuerfeste Form am Boden mit dem Olivenöl ausstreichen. Die Tomaten hineinsetzen und mit Salz und Pfeffer ausstreuen.

3. Die Hälfte des Fruchtfleisches in eine Schüssel geben. Den Mozzarella abtropfen lassen, kleinschneiden und dazugeben. Mit Salz, Pfeffer und den Kräutern der Provence würzen. DieCrème fraîche hinzufügen. Alles mit dem Stabmixer pürieren.

4. Den Backofen auf 220° vorheizen.

5. Die ausgehöhlten Tomaten mit der Käsemischung füllen und im Backofen (Mitte) etwa 15 Minuten überbacken, bis der Käse geschmolzen ist.

6. Das Basilikum waschen, trockenschütteln und die fertigen Tomaten mit den Blättchen garniert servieren.

Tip!
Zum Katerbrunch können Sie natürlich – je nach Anzahl der Gäste – noch viele gekaufte Köstlichkeiten reichen. Zum Beispiel sauer eingelegtes Gemüse, verschiedene Sorten Brötchen (Sesam-, Mohn-, Roggenbrötchen), Salzstangen, Chips oder eingelegte Rollmöpse.

Selleriesuppe mit Gorgonzola

500 g Knollensellerie
2 Eßl. Butter
800 ml Kalbsfond (aus dem Glas)
100 ml trockener Weißwein
100 g Crème fraîche
Salz
weißer Pfeffer, frisch gemahlen
1–2 Eßl. Zitronensaft
1 Prise Zucker
1 Bund Estragon
100 g Gorgonzola

Zubereitungszeit: etwa 30 Minuten

1. Den Sellerie schälen und klein würfeln.

2. Die Butter in einem Topf zerlassen. Die Selleriewürfel darin bei mittlerer Hitze etwa 5 Minuten anbraten. Dann den Kalbsfond dazugießen und den Sellerie zugedeckt etwa 15 Minuten garen.

3. Den Weißwein dazugießen und alles pürieren. Die Crème fraiche unterrühren und die Suppe mit Salz, Pfeffer, dem Zitronensaft und dem Zucker abschmecken.

4. Den Estragon waschen und trockenschütteln. Einige Zweige zum Garnieren beiseite legen, den Rest kleinschneiden und in die Suppe rühren. Die Suppe unter Rühren kurz aufkochen lassen, dann von der Herdplatte nehmen.

5. Den Gorgonzola in dünne Scheiben schneiden und kurz vor dem Servieren in die Suppe rühren. Mit den beiseitegelegten Estragonzweigen garnieren.

Zwiebelsalat mit Kapern und Äpfeln

3 Eier
6 Gemüsezwiebeln
200 g gegarte Krabben
200 g grüne, mit Paprika gefüllte Oliven
4 Gewürzgurken
2 säuerliche Äpfel
2 Eßl. Kapern
1 Eßl. grüne Pfefferkörner (frisch oder in Salzlake eingelegt)
4 Eßl. Weißweinessig
6 Eßl. Sonnenblumenöl
Salz
schwarzer Pfeffer, frisch gemahlen
2 Teel. Honig
je 1 Bund Schnittlauch und Petersilie

Zubereitungszeit: etwa 20 Minuten

1. Die Eier in etwa 10 Minuten hartkochen, dann kalt abschrecken und abkühlen lassen.

2. Inzwischen die Zwiebeln schälen, in schmale Ringe schneiden und mit den Krabben und den Oliven in eine Schüssel geben. Die Gurken würfeln und dazugeben.

3. Die Äpfel schälen, vierteln, von den Kerngehäusen befreien, würfeln und mit den Kapern und dem grünen Pfeffer dazugeben.

4. Den Essig mit dem Öl, Salz, Pfeffer und dem Honig verrühren. Die Kräuter waschen, trockenschütteln, kleinschneiden und in die Marinade rühren, dann unter den Salat mischen und gut durchziehen lassen.

5. Vor dem Servieren die Eier schälen, vierteln und den Salat damit garnieren.

Handkäs mit Musik

1 kg Harzer Käse (oder Handkäse in einzelnen Stücken)
2 Eßl. Kümmelkörner
8 Eßl. Rotweinessig
4 Eßl. Sonnenblumenöl
Salz
weißer Pfeffer, frisch gemahlen
3 Zwiebeln

Zubereitungszeit: etwa 15 Minuten

1. Den Käse in Scheiben schneiden und auf einer Platte anrichten. Den Kümmel darüber streuen.

2. Den Essig mit dem Öl, Salz und Pfeffer verrühren und über den Käse gießen.

3. Die Zwiebeln schälen, in schmale Ringe schneiden und auf dem Harzer verteilen.

Im Bild oben:
Handkäs mit Musik
Im Bild in der Mitte:
Zwiebelsalat mit Kapern und Äpfeln
Im Bild unten:
Selleriesuppe mit Gorgonzola

Köstliche Käsegerichte für 12 Personen

Ob als Fondue oder Backofengericht, als Suppe oder Gebäck, Käse schmeckt einfach toll. Grund genug, ihn einmal zum Thema des Abends zu machen.

Ideen für die Einladungskarte

Eine Werbeseite für Käse aus der Zeitung ausschneiden und kopieren. Dieses Blatt mit dem Hinweis auf die Käseparty (Alles Käse!) verschicken. Eventuell den Text der Werbung umformulieren.

Ideen für den Tisch

Den Eßtisch mit einer einfarbigen Papiertischdecke (am besten weiß, gibts in Schreibwarenläden) überziehen und mit einem dicken Filzschreiber »Sets« darauf malen und diese mit den Namen der Gäste beschriften. Französisches Weißbrot in die Mitte legen und mit vielen bunten kleinen Fähnchen der wichtigsten Käse-Herkunftsländer (Deutschland, Schweiz, Frankreich, Italien, Österreich und Holland) bestecken. Fragen Sie im Käsegeschäft nach den Fahnen!
Hübsch sieht es auch aus, wenn Sie einen Teller mit Folienschreiber mit der Menüfolge beschriften und in die Mitte des Tisches stellen. Den Folienschreiber können Sie wieder abwaschen.

Das gibt es

1. Schweizer Käsesuppe
2. Käsestangen
3. Polenta mit Schinken und Mozzarella
4. Grapefruitmousse

Getränke

Trockenen Weißwein (zum Beispiel Riesling trocken, Entre-deux-mers, Edelzwicker, Soave oder Orvieto secco), Mineralwasser. Zu Käsefondue auch Tee

Das können Sie am Vortag tun:

1. Ihre Vorräte prüfen und Fehlendes entsprechend der Zutatenlisten einkaufen
2. die Käsestangen zubereiten
3. die Polenta zubereiten
4. das Dessert zubereiten
5. die Getränke kühl stellen

So lange brauchen Sie für die Zubereitung: etwa 4 ½ Stunden (am Vortag; plus Kühlzeit über Nacht für die Mousse)

Tip!

Servieren Sie, falls Ihre Gäste das noch schaffen, zum Abschluß eine Platte mit verschiedenen Käsesorten und lassen Sie erraten, um welche Sorten es sich handelt. Dazu schmeckt frisches Bauernbrot oder Baguette. Sie können auch eine Käseplatte servieren und, damit es nicht zuviel wird, auf die Suppe oder die Polenta verzichten. Wenn Sie zum »Käseabend« lieber ein Käsefondue oder ein Raclette zubereiten möchten, können Sie zum Aperitif die Käsestangen reichen. Auf das Dessert sollten Sie auf keinen Fall verzichten, denn es schmeckt herrlich erfrischend nach so viel Käse.

Jules

Varianten
Käsefondue
Für 12 Personen zwei feuerfeste Tontöpfe mit je 1 geschälten Knoblauchzehe ausreiben. 1 kg frisch geriebenen Greyerzer Käse mit 600 g frisch geriebenem Emmentaler mischen. 4 Eßlöffel Speisestärke mit 800 ml trockenem Weißwein und 2 Eßlöffeln Zitronensaft verrühren und mit dem Käse mischen. Die Mischung in den Tontöpfen auf dem Herd unter Rühren heiß werden lassen. Mit Salz, Pfeffer, Muskat und je 4 Eßlöffeln Kirschwasser würzen und kurz aufkochen. Dann auf dem Rechaud weiterköcheln, nochmals abschmecken und eventuell nachwürzen. Sie brauchen etwa 2 Stangen französisches Weißbrot in Würfeln zum Auftunken.

Schweizer Käsesuppe

100 g Butter
100 g Mehl
200 g Emmentaler, frisch gerieben
2 l Gemüsebrühe
6 Eigelb
Salz
schwarzer Pfeffer, frisch gemahlen
Muskatnuß, frisch gerieben
1 Bund Petersilie
6 Scheiben Weißbrot

Zubereitungszeit: etwa 30 Minuten

1. Die Butter in einem breiten Topf erhitzen. Das Mehl einrühren und bei mittlerer Hitze unter Rühren kurz anschwitzen. Dann den Käse untermischen. Die Gemüsebrühe unter ständigem Rühren langsam dazugießen. Die Suppe bei schwacher Hitze etwa 10 Minuten garen, dabei ab und zu umrühren.

2. Die Eigelbe verquirlen und unterrühren. Mit Salz, Pfeffer und Muskatnuß würzen.

3. Die Petersilie waschen, trockenschütteln, fein hacken oder in Streifen schneiden und in die Suppe mischen.

4. Die Weißbrotscheiben entrinden, würfeln und in einer trockenen Pfanne bei mittlerer Hitze unter Rühren von allen Seiten anrösten. Kurz vor dem Servieren über die Suppe geben.

Käsestangen

900 g tiefgefrorener Blätterteig
3 Eigelb
450 g Gouda, frisch gerieben
Mohn- und Sesamsamen zum Bestreuen

Zubereitungszeit: etwa 45 Minuten

1. Den Blätterteig etwa 20 Minuten antauen lassen, dann quer in etwa 2 cm breite Streifen schneiden.

2. Ein Backblech kalt abspülen. Den Backofen auf 220° vorheizen.

3. Die Blätterteigstreifen mit den Eigelben bestreichen, in dem Käse wälzen und mit den Mohn- oder Sesamsamen bestreuen.

4. Die Käsestangen auf das Backblech legen und im Backofen (Mitte) etwa 15 Minuten goldgelb backen.

Im Bild oben: Käsestangen
Im Bild unten: Schweizer Käsesuppe

Polenta mit Schinken und Mozzarella

Salz
500 g Polenta (Maisgrieß)
2 Eier
6 Eßl. gehackte Mandeln
schwarzer Pfeffer, frisch gemahlen
Muskatnuß, frisch gerieben
2 Eßl. Butter
300 g roher Schinken
500 g Mozzarella
1 Bund Salbei
Butter für die Form

Zubereitungszeit: etwa 1 Stunde

1. In einem großen Topf etwa 2 l Salzwasser zum Kochen bringen. Die Polenta einrühren und kurz aufkochen. Dann von der Herdplatte ziehen, die Eier untermischen und den Brei etwa 10 Minuten zugedeckt quellen lassen. Dann die Mandeln dazugeben und die Polenta mit Salz, Pfeffer und Muskatnuß würzen.

2. Eine große Auflaufform ausfetten und die Polenta hineinfüllen. Den Backofen auf 200° vorheizen.

3. Die Butter in einer Pfanne erhitzen. Die Schinkenscheiben darin bei mittlerer Hitze knusprig anbraten, dann auf der Polenta verteilen.

4. Den Mozzarellakäse abtropfen lassen, in Scheiben schneiden und auf die Polenta legen. Den Salbei waschen, trockenschütteln und die Blättchen auf der Polenta verteilen.

5. Die Polenta im Backofen (Mitte) etwa 20 Minuten überbacken, bis der Käse geschmolzen und goldbraun ist. Dazu schmeckt ein frischer grüner Blattsalat.

Grapefruitmousse

4 rosa Grapefruits
2 unbehandelte Zitronen
500 g Sahne
4 Eßl. flüssiger Honig
250 g Crème double
8 Blatt weiße Gelatine
6 Eiweiß
4 Eßl. Pistazienhälften
Zitronenmelisse zum Garnieren

Zubereitungszeit: etwa 45 Minuten (plus etwa 3 Stunden Kühlzeit)

1. 2 Grapefruits auspressen. Die Zitronen heiß abspülen und die Schale abreiben. Die Zitronen auspressen.

2. Die Sahne mit dem Honig steif schlagen und mit der Crème double mischen.

3. Die Gelatine etwa 5 Minuten in kaltem Wasser einweichen. Dann ausdrücken und in einem kleinen Topf bei schwacher Hitze unter Rühren auflösen. Die Gelatine etwas abkühlen lassen, dann mit dem Grapefruit- und dem Zitronensaft verrühren, die Zitronenschale dazugeben und alles unter die Sahne mischen. Die Creme etwa 1 Stunde kalt stellen, bis sie beginnt, fest zu werden.

4. Inzwischen die Eiweiße steif schlagen und unter die Creme heben. Die Mousse weitere 2 Stunden kalt stellen.

5. Vor dem Servieren die übrigen Grapefruits schälen, dabei auch die weiße Innenhaut entfernen. Die Grapefruits filetieren und von den Kernen befreien.

6. Die Pistazien in einer trockenen Pfanne anrösten und über die Mousse streuen. Mit den Grapefruitfilets und Zitronenmelisse garnieren und servieren.

Register

Einladen & Genießen

Der Phantasie beim Tischdecken sind wirklich (fast) keine Grenzen gesetzt! Und das Ergebnis sorgt bei Ihren Gästen schon mal fürs erste Gesprächsthema – auch wenn es ohne großen Aufwand auf den Tisch „gezaubert" wurde . . .
120 Seiten mit ca. 80 Farbfotos. Glanzeinband mit Schutzumschlag.
34,80 DM/272,- öS/35,80 sfr.

Gründe gibt es genug, nette Freunde zu einem Fest, einer tollen Party, einem schönen Abendessen, einem gemütlichen Brunch oder einem vergnügten Picknick einzuladen.
120 Seiten, 116 Farbfotos, Großformat, Glanzeinband mit Schutzumschlag.
34,80 DM/272,- öS/35,80 sfr.

Vom Süppchen bis zum süßen Finale – das Auge ißt mit! Und wer wollte bestreiten, daß ein besonders schön angerichtetes Menü einfach Laune macht – und außerdem so richtig Appetit?!
120 Seiten mit ca. 100 Farbfotos. Glanzeinband mit Schutzumschlag.
34,80 DM/272,- öS/35,80 sfr.

Geschickte Zeitpläne und raffinierte Menüzusammenstellungen sorgen für kulinarische Abende ohne Streß.
120 Seiten mit ca. 80 Farbfotots. Glanzeinband mit Schutzumschlag
34,80 DM/272,- öS/35,80 sfr.

Alles dreht sich um den heißen Topf! Aber er ist ja auch kaum zu schlagen, wenn es um gastgeberfreundliche Einladungen geht. Man kann alles in Ruhe bereitstellen und vor allem: gemeinsam, in geselliger Runde genießen.
120 Seiten, ca. 80 Farbfotos, Großformat, Glanzeinband mit Schutzumschlag.
34,80 DM/272,- öS/35,80 sfr.

Eine simple Pfanne begeistert immer mehr Feinschmecker: Der Wok ist das Paradebeispiel für die neue, unkomplizierte Gastlichkeit!
120 Seiten, 70 Farbfotos, Großformat.
34,80 DM/272,- öS/35,80 sfr.

Mehr daraus machen. Aus Raclette, heißem Stein und Waffeleisen. Seitenweise interessante und neue Rezepte sowie verblüffende (Planungs-) Tips
120 Seiten, 70 Farbfotos, Großformat.
34,80 DM/272,- öS/ 35,80 sfr.

Änderungen und Irrtum vorbehalten.

32 Portraits bedeutender Winzerpersönlichkeiten, erstmals erschienen in dem Gourmetjournal „Der Feinschmecker", jetzt aktualisiert und erweitert. Ein ganz besonderes Lesevergnügen!
Horst Dohm:
Winzerportaits.
160 Seiten, ca. 150 Farbfotos, Großformat, Glanzeinband.
79,- DM/616,- öS/80,80 sfr.

Eine klingende Hymne an den edlen Rebensaft!
240 Seiten, 140 Farbfotos. Mit Karten und Zeichnungen
59,- DM/467,- öS/61,40 sfr.

Gute Weine erkennt man mit Auge, Nase und Mund – aber solche Kunst will gelernt sein! Dieses Buch gibt Antwort auf alle „Einsteiger"-Fragen. Qualitätsstufen unterscheiden, Etiketten lesen, im Restaurant bestellen . . .
180 Seiten, 50 Farbfotos, Glanzeinband.
39,80 DM/311,- öS/39,80 sfr.

Informativ – verständlich – umfassend: ein echtes „Leselexikon" für den Weinfreund!
384 Seiten, ca. 150 Farbfotos, 30 Karten.
49,80 DM / 389,- öS / 51,20 sfr.

Praktische Gliederung des Rezeptanteils nach Alkoholsorten, Warenkunde, Dekorations-Tips zu den Drinks.
160 Seiten, ca. 500 Farbfotos. Glanzeinband mit Schutzumschlag.
39,80 DM/311,- öS/39,80 sfr.

**Mehr draus machen.
Mit GU.**

GU GRÄFE UND UNZER

Claudia Bruckmann-Bräunig
ist gelernte Buchhändlerin und hat schon während der Ausbildung Kochbücher gelesen wie andere Leute Romane. Nach dem Studium der Germanistik und Amerikanistik arbeitete sie bei einem bekannten Münchener Verlag. Seit der Geburt ihres ersten Kindes 1985 ist sie als selbständige Redakteurin und Autorin tätig.

Pete A. Eising und Susanne Eising
haben sich ausschließlich auf Food-Fotografie spezialisiert. In ihrem Studio für Lebensmittelfotografie entstehen anspruchsvolle Food- und Getränke-Aufnahmen. Zum Kundenkreis gehören Werbeagenturen und Industrieunternehmen, Zeitschriftenredaktionen und Kochbuchverlage.
An das Fotostudio ist eine Bildagentur mit Sitz in München und der Schweiz angeschlossen, selbstverständlich mit dem Hauptthema Food.
Martina Görlach ist im Studio für die Requisite zuständig und wirkt auch bei der fotografischen Gestaltung mit.

Umschlag-Vorderseite:
Links oben:
Tomatenquiche mit Gorgonzola, Rezept Seite 80.
Links unten:
Quiche lorraine, Rezept Seite 80, auf dem Backblech gebacken.
In der Mitte:
Möhrencremesuppe mit Croûtons, Rezept Seite 90, im ausgehöhlten Kürbis serviert.

Die Deutsche Bibliothek – CIP-Einheitsaufnahme
Bruckmann-Bräunig, Claudia:
Wir feiern Feste / Claudia Bruckmann-Bräunig. – 2. Aufl. – München:
Gräfe und Unzer, 1993
(GU Einladen & Genießen)
ISBN 3-7742-1560-X

Redaktion: Birgit Rademacker
Lektorat: Cornelia Schinharl
Typografie und Umschlaggestaltung: Studio Greif
Herstellung: Ulrike Laqua
Rezeptfotos: Foodfotografie Eising, Martina Görlach
Foodstyling: Manuel Reheis
Satz: OK Satz GmbH, Unterschleißheim
Reproduktionen: ORD Offset-Reproduktionen, Gronau/Westf.
Druck und Bindung: Neue Stalling, Oldenburg
ISBN: 3-7742-1560-X

Wir danken der Firma Mercantile, Planegg, für die freundliche Unterstützung

Auflage	8.	7.	6.	5.	4.
Jahr	1998	97	96	95	94